スケッチ感覚で
インテリアパースが
描ける本

装幀＝水野哲也（Watermark）

まえがき
「インテリアパースを描きこなそう！」

本書の姉妹本、『スケッチ感覚でパースが描ける本』がわかりやすい、というありがたい評価をいただきました。前著ではパースの基本を街並み、建築、空間を中心に、さまざまなスケールの対象物を取り上げて説明しました。パースは図面や模型と同じく、建築のコミュニケーションツールのひとつです。もともとは学生たちに、建築を表現する手段として、この技術を身につけてほしいとの思いからつくった本でしたが、建築以外の、たとえばマンガを描く人たちにも多く手に取ってもらえたことは、思いがけず嬉しい反応でした。

今回の本の特徴は、内容をインテリアに絞ったことです。さらに、アクソメでインテリアを描く方法を加えました。アクソメは絵のセンスが今ひとつという人でも、描き方を習得すればインテリアを表現できる魔法の図法です。また、着彩が苦手という人は少なくありません。そこで、日頃私が使っている裏ワザを紹介しました。手軽に使える色鉛筆やパステル、マーカーの特性を生かした使い方です。

近年はリノベーションの案件が増え、仕事上でもインテリアパースを描くスキルが重視されています。確かに今では簡単にパソコンで3Dパースがつくれるようになりました。しかしスケッチパースは、紙とペンさえあれば、自分のイメージを即座に表現できる方法です。素敵なインテリアをプレゼンするとき、その場でさらりと描けたなら、クライアントや上司から信頼されるに違いありません。

ぜひ、この本を読んで、あなたの眠った才能を呼び起こし、独自のパースを描いてみてください。

中山繁信

まえがき 「インテリアパースを描きこなそう！」 3

1章 パースとアクソメ

1. パースとアクソメの違い 8
2. パースの種類 11
3. アクソメの種類 12
4. アクソメの特徴 14

2章 インテリアパースを描く

1. 構図の決め方 18
2. 展開図から描く 20
   - パースのツボ 奥行きの等分割 26
3. 断面図から描く 28
   - パースのツボ 断面パースでよくある間違い 34
4. 家具を描く 35
5. 斜めの壁を描く 41
6. 曲面の壁を描く 48
7. 階段を描く 54
8. 斜め天井を描く 60
9. 円形のインテリアを描く 64
   - パースのツボ パースシートを使って描く 66
10. やさしい俯瞰パースを描く 68
11. 少し複雑な俯瞰パースを描く 74
    - パースのツボ 俯瞰パースは回転しても使える 80

3章　インテリアアクソメを描く

1. 図面を準備する　82
   - ✏️ アクソメのツボ　展開図とは？　83
2. アクソメは平面図や展開図から描く　84
3. 平面図から立ち上げて描く　86
4. 平面図から立ち下げて描く　90
5. 展開図から描く　94
6. アクソメの角度の決め方　98
7. 高さは垂直に立ち上げる　99
8. 平面図は開口上端で切る　100
9. 高さの縮小補正は8割に　101
   - ✏️ アクソメのツボ　アクソメとアイソメ　102
   - ✏️ アクソメのツボ　アクソメでインテリアレイアウト　103

4章　背景・添景を描く

1. インテリアを引き立てる外の風景　106
2. 外の風景を描く　108
3. 命を吹き込む納まり　110
4. パースに添景を描く
   ① 人を描く　112
   ② パースの中に人を配置する　113
   ③ 生活用品を描く　114
   ④ 樹木・観葉植物を描く　116
5. アクソメに添景を描く
   ① 人を描く　118
   ② 生活用品を描く　119
   ③ 樹木・観葉植物を描く　122

目次

5章　パースに色をつける

1. 手軽な色鉛筆の着彩　126
2. やさしい色鉛筆とパステルの着彩　130
3. 少し難しいマーカーの着彩　136

おまけ　140

あとがき　142

目次

1章

パースとアクソメ

1. パースとアクソメの違い

パースとは

建物（立体物）と見る人の間にスクリーンを立てたとき、そこに映る像をなぞった図のことです。実際にスクリーンを立てて描くのは大変なので、理論的にそれに近いものを簡単に描く方法があり、それをこの本で説明していきます。スクリーンを透かして向こうを見る図法なので、透視図（perspective drawing）という正式名がついています。

パースは同じ大きさのものを並べたとき、遠いものは小さく、近いものは大きく映るので遠近法ともいわれます。そして近いものから遠くのものまで方向性を帯びて連続しているときは、ある点に向かって縮小しているように見えます。この点を消点（vanishing point）と呼んで、パースを描くときの基準点として使っています。

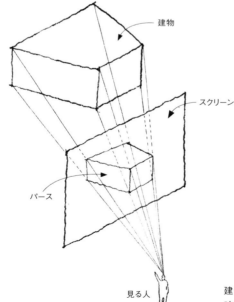

建物と見る人の間のスクリーンに映る像がパースです。

アクソメとは

立体を描く図には、透視図（パース）のほかに平行投影図があります。平行投影図とは、立体物を平行光線により画面に投影したものとして紙面上に描いた図です。奥行き、幅、高さを表す3面を、ひとつの立体図として表現します。その代表的なものが、アクソノメトリック・プロジェクション（axonometric projection）です。パースと違い、消点をもたず、ものの大きさが図面と同じに描かれるため、寸法を記すことができます。

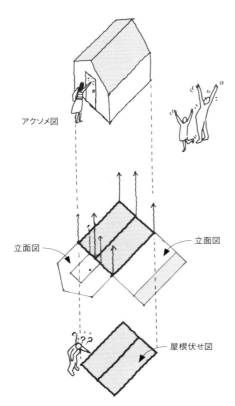

アクソメ図

立面図

立面図

屋根伏せ図

アクソメでは、たとえば屋根伏せ図＋2方向の立面図、または平面図＋壁2面の展開図などの3面がひとつの立体図として描かれます。

1章　パースとアクソメ

パースとアクソメの表現上の特徴

パースは見ている風景をそのまま紙面上に写しとる手法です。多くのインテリアパースの場合、自分が空間の中にいるかのような図になります。視角に入るものはすべて表現でき、室内だと手前の壁以外の壁、床、天井の5面を描けます。しかしパースでは遠くのものほど小さく描かれるため、図から寸法の情報は得られません。距離の変化に伴いものの大きさが変わるので、描くのがやや難しく、そのため消点を利用する技法があります。

一方、アクソメは3方向の面を組み合わせる図法です。空間の中にいるのではなく、見下ろすような図になります。室内だと壁2面と床の3面が表現できます。消点がなく、距離による大きさの変化がありません。平面図と展開図から、そのままの寸法を用いて、比較的簡単に描くことができます。

インテリアパース
一般的にインテリアパースといえば、こちら。消点をもち、壁3面、床、天井の5面が表現できます。

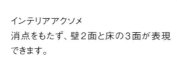

インテリアアクソメ
消点をもたず、壁2面と床の3面が表現できます。

2. パースの種類

消点のあるパース（透視図）は原則として大きく3種類に分けられます。①1点透視図、②2点透視図、③3点透視図です。消点の数が異なるのは、空間が3次元であるため、奥行き、幅、高さそれぞれの方向に消点をもつためです。

この本では3種類のパースの中で、もっとも簡単な1点透視図の描き方を述べていきます。なぜなら、1点透視図でもインテリアを表現するには十分だからです。

パースには、1点・2点・3点透視図がある

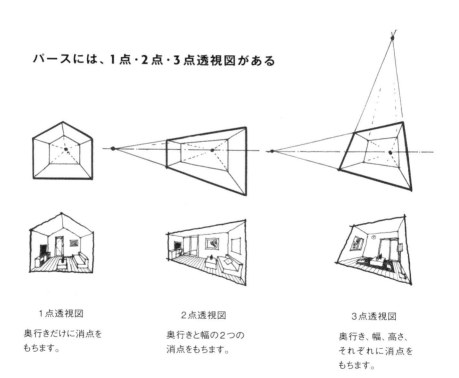

1点透視図
奥行きだけに消点をもちます。

2点透視図
奥行きと幅の2つの消点をもちます。

3点透視図
奥行き、幅、高さ、それぞれに消点をもちます。

3. アクソメの種類

アクソメにもいくつかの種類があります。奥行き、幅、高さを平行で描くのは基本的には同じですが、それぞれの平行線の角度の違いによって、図法が分別されています。この本ではよく使われている3つの図法を取り上げます。それぞれの図法の特性を理解して、表現意図に合った図法を選んで描いてください。

1. アクソノメトリック図法／アクソメ
(axonometric projection drawing)

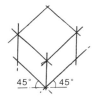

平面図を斜めに置き、そのまま高さを平行に立ち上げて立体を表現する図法です。平面をセットする角度は自由ですが、描きやすいのは45度・45度、または30度・60度です。

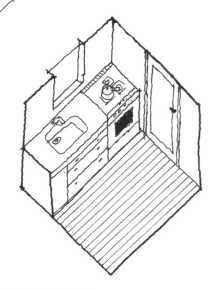

＊姉妹本『スケッチ感覚でパースが描ける本』ではアクソノメトリック図法の略語をアクソノと称しましたが、本書ではアクソメと表記します。

2. アイソメトリック図法／アイソメ
(isometric projection drawing)

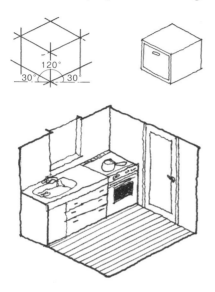

平面図を30度・120度・30度のひし形で表現する図法で、この角度は原則として決められています。平面がひし形になるため、作図が少し複雑になります。(p.102参照) 視覚的にはアクソメよりも低いアングルとなり、目で見た印象に近いのが特徴です。

3. カバリエ図法 (cavalier projection drawing)

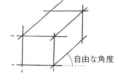

先の2つの図法は平面図を基準にして描かれますが、カバリエ図法は立面図や展開図など高さを表現する図面を基準にして描きます。展開図から奥行きを引き出す角度によって、視点が上下します。(p.94参照)
厳密にはアクソメとは違う種類の投影図ですが、インテリアを描く手法として、本書ではアクソメの仲間として紹介します。

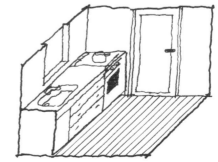

4. アクソメの特徴

アクソメは簡単な図法ですが、さまざまな特徴をもっています。

1. 奥行き、幅、高さは平行で消点をもたない
奥行き、幅、高さの線が平行で描かれるため、無限遠の視線の先の消点をもちません。俯瞰した構図になります。

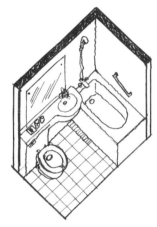

天井と壁2面を取り払ったアクソメ

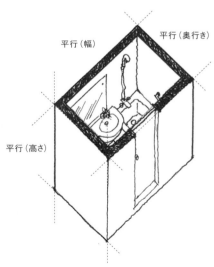

天井を取り払ったアクソメ

2. 近いものも、遠いものも大きさが同じ

普通、近いものは大きく、遠いものは小さく見えるため遠近感を感じるのですが、アクソメでは近いものも、遠いものも同じ大きさで表現されます。

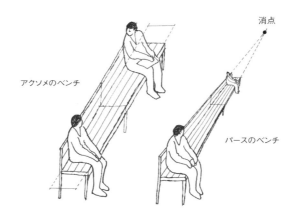

3. 縮尺（スケール）が表示できる

建築の図面は実際の大きさを縮めて表現するため、何分の1という縮尺を表示するか、寸法を書き込みます。アクソメは平面図から高さを立ち上げていくのでこれが可能ですが、遠近法であるパースには縮尺が表示できません。むしろ表示してはいけないのです。

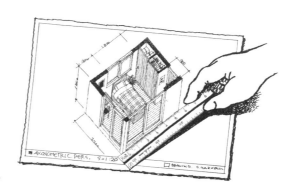

アクソメは定規を当てて
寸法を測ることができます。

1章　パースとアクソメ

2章
インテリアパースを描く

1. 構図の決め方

パースは消点によって構図が変わるため、床、壁、天井のどこの面を詳しく表現したいかによって、消点の位置を決めます。基本はインテリア（部屋）の中央で、高さは人間の目の高さです。
しかし下図のように、床の面を多く表現したいなら消点を上部に、右の壁を強調したいなら消点を左に寄せます。
インテリアパースの場合、天井面よりも、家具などが置かれた床面をしっかり見せることが多くあります。

消点が高い位置にある場合

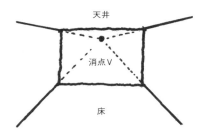

床が強調された構図になります。

消点が低い位置にある場合

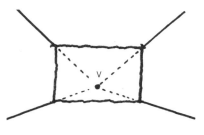

天井が強調された構図になります。

消点が左側の壁に寄った場合

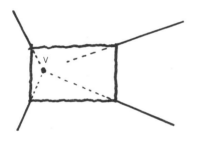

右側の壁が強調された構図になります。

消点が右側の壁に寄った場合

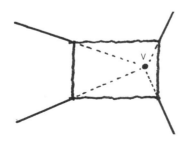

左側の壁が強調された構図になります。

2章 インテリアパースを描く

2. 展開図から描く

インテリアパースを描くためには、必要な図面を用意する必要があります。パースは6面のうち5つの面が表現できるため、平面図、正面と左右の壁面の展開図（p.83参照）、天井伏せ図（天井の様子を描いた図）が必要です。
描き方を理解するために、まずは正方形の部屋のパースにおける奥行きの決め方を学び、簡単なインテリアパースを描いてみましょう。

① 平面図と3方向の展開図を描く

部屋の形は描きやすい正方形とします。

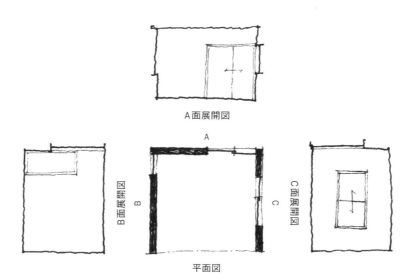

② 平面図にグリッド（方眼）を描く

平面図に縦と横を4等分するグリッドを描きます。グリッドを描くことで、展開図にしたときの開口部の位置がわかりやすくなります。

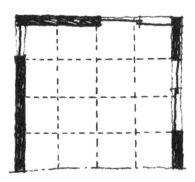

平面図

③ A面の展開図を描き、消点を決める

消点Vは人間の目の高さとします。部屋の左側に消点を寄せたのは、右側の窓を強調したパースにするためです。

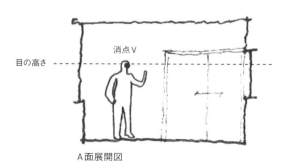

A面展開図

④ 奥行きの線を描く

展開図の隅部と消点Vを結び、延長します。

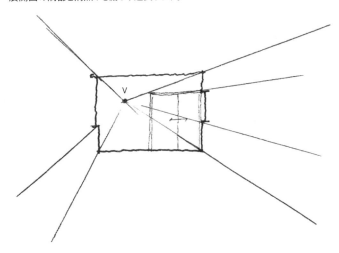

⑤ パースの奥行きを決める

部屋の形が正方形なので、床が正方形に見える位置に、適当に線を引きます。この場合はBが近いでしょう。

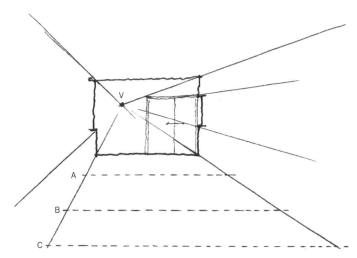

⑥ 床面を決める

正方形の部屋がパース上ではこのようになります。

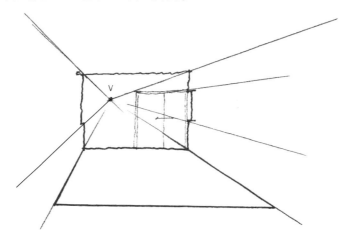

⑦ 床面にグリッドを描く

間口を4分割して消点Vと結び、対角線を引きます。

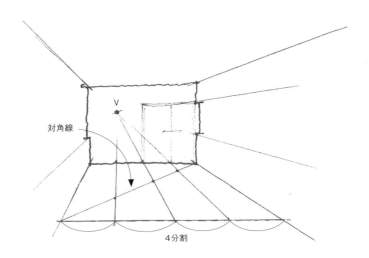

⑧ 床面のグリッドを完成させ、壁面に立ち上げる

消点Vと結んだ線と対角線との交点に水平線を引くと、グリッドができ上がります。

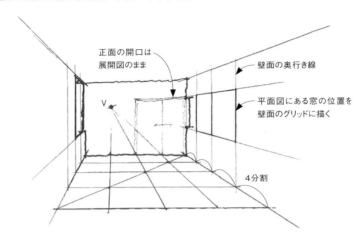

⑨ 窓枠や絵の額を描く

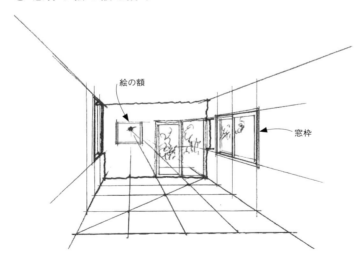

⑩ 窓枠などの細部を描き込み、ペンで清書する

パースを清書するやり方は2つあります。ペンで描いた後に消しゴムで下図線を消す方法と、下図線の上にトレーシングペーパーを重ねて、上からペンで描く方法です。(p.88参照)

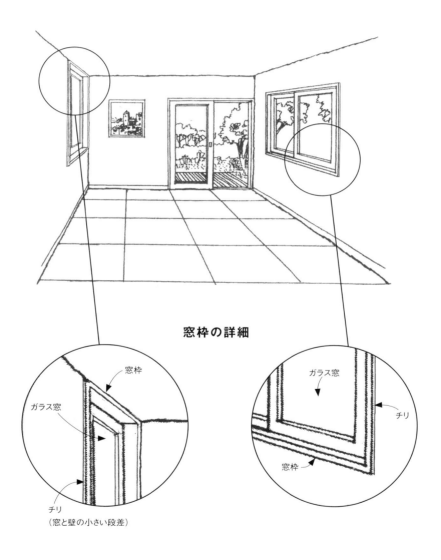

窓枠の詳細

窓枠
ガラス窓
チリ
（窓と壁の小さい段差）

ガラス窓
チリ
窓枠

2章　インテリアパースを描く

パースのツボ

奥行きの等分割

パースにおけるグリッドの描き方について、改めて説明します。
奥行きを下の図のように等分割してしまうのは間違いです。遠近法であるパースでは、空間の奥行きも手前は広く、奥は狭く描かれるからです。対角線を使うことで、遠近感をつけた奥行きの等分割を簡単に行うことができます。

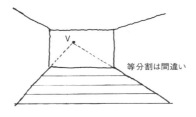
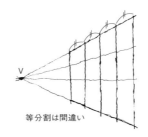

壁面の正しい等分割の方法

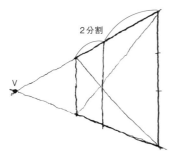

① 対角線の交点に垂線を引くと、奥行きが2分割できます。

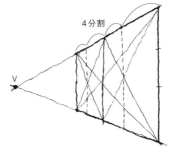

② できた2つの四角形にさらに対角線を引き、交点に垂線を引くと、奥行きが4分割できます。

床面の正しい等分割の方法

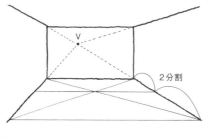

① 対角線の交点に水平線を引くと、奥行きが2分割できます。

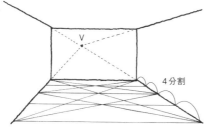

② できた2つの四角形にさらに対角線を引き、交点に水平線を引くと、奥行きが4分割できます。

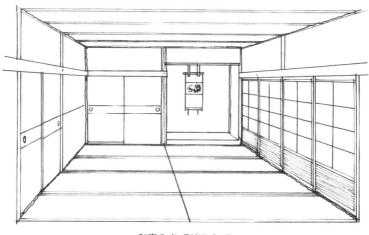

和室のインテリアパース

2章 インテリアパースを描く

3. 断面図から描く

断面図を基準に描いたパースを「断面パース」と呼びます。手前に建物の切り口が見えるため、建物の高さとインテリア空間の関係をよく表現できます。

ここでは壁面、天井面の詳細は決まっていないものとして、断面パースを描きながら決めていきます。パースには、すべての設計が終わってから描くだけでなく、決まっていない部分を描きながら設計していくという役割もあるのです。

断面パースの完成図

① 平面図と断面図を用意する

描きやすいように、部屋の形は正方形とします。平面図に正方形のグリッドを描きます。グリッドの数はいくつでもよいのですが、ここでは3分割とします。

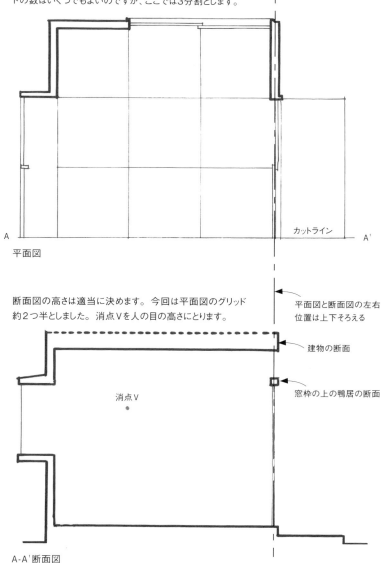

平面図

断面図の高さは適当に決めます。今回は平面図のグリッド約2つ半としました。消点Vを人の目の高さにとります。

A-A'断面図

② 消点と断面の隅部を結ぶ

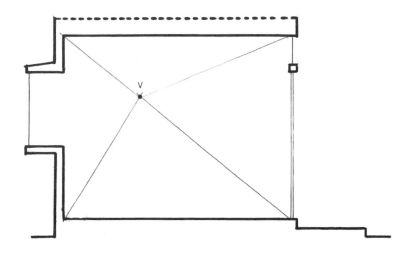

③ 奥行きを決める

奥行きの線を適当に引いてみて、床面がパース上で正方形に見える線を選びます。この場合はBの線がよいでしょう。

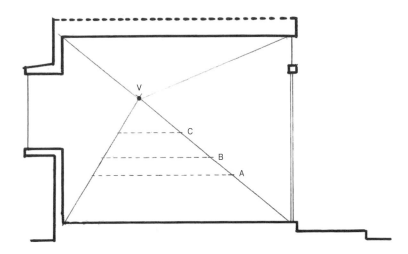

④ **床面を描く**

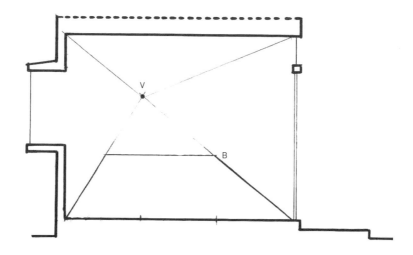

⑤ **床にグリッドのタテの線を描く**

間口を3分割して消点Vと結びます。さらに断面の各部と消点Vとを結びます。

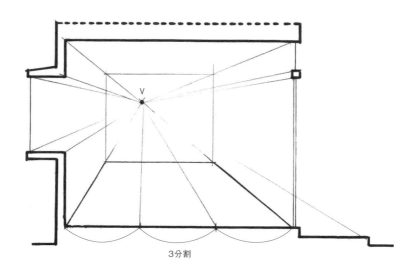

⑥ 床にグリッドのヨコの線を描く

対角線を引き、消点Vと結んだ線と対角線との交点に水平線を引くと、グリッドができ上がります。グリッドを使って、壁面の奥行きも3分割します。

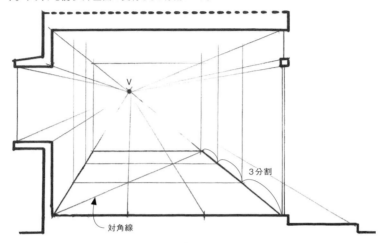

⑦ 平面図に合わせて、開口部を描く

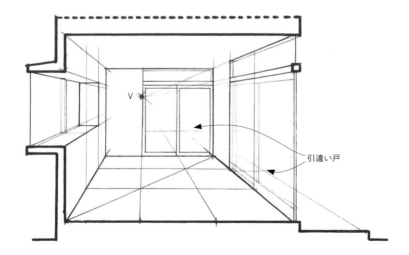

⑧ 建具を描く

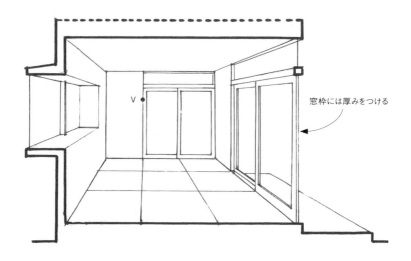

窓枠には厚みをつける

⑨ 小物や外の風景を描き込み、ペンで清書する

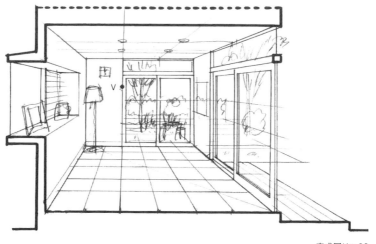

完成図はp.28

パースのツボ

断面パースでよくある間違い

複数階、または複数の部屋がある断面パースを描くとき、それぞれの部屋に消点をつくってしまうのは間違いです。何階あっても何部屋あっても、ひとつの建物に消点はひとつです。

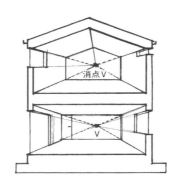

間違ったパース：各階（部屋）ごとに消点Vがある

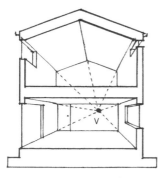

正しいパース：1階にだけ消点Vがある

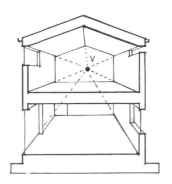

正しいパース：2階にだけ消点Vがある

4. 家具を描く

インテリアには部屋に応じて必要とされる家具があります。インテリアパースには不可欠なものですから、ぜひ描き方をマスターしてください。ここでは、フロアスタンドとダイニングテーブル、そして本棚と植木鉢が置かれた飾棚のあるインテリアを想定します。部屋の形は、奥行きを決めるのにやさしい正方形としましょう。
まず、家具が描かれた平面図を用意します。

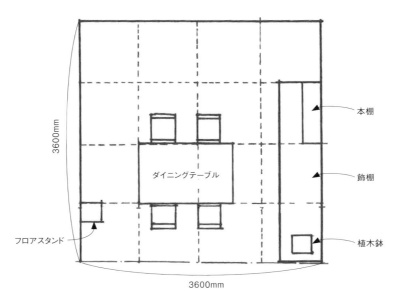

想定するインテリアの平面図

① 平面図にグリッドを描く

パースを描き起こしていく際には、一旦、家具は図面から取り払って考えたほうがよいでしょう。

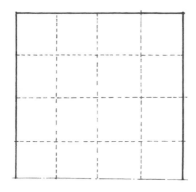

日本の建築や材料は、3尺（909mm）や6尺（1818mm）を単位につくられているので、グリッドを900mmピッチで描くと、パースも描きやすいです。
前ページの図面で示した通り、今回の部屋の大きさは実寸にすると3600mm × 3600mmなので、奥行きと間口を4分割にすると、ひとマスが900mmのグリッドを描いたことになります。

部屋の平面図

② 展開図に消点を決め、左右の壁を描く

正面奥の壁面を展開図として使います。天井高は2400mmと設定し、消点Vを適当に決めます。消点と展開図の隅部を結ぶことで、左右の壁のラインができます。

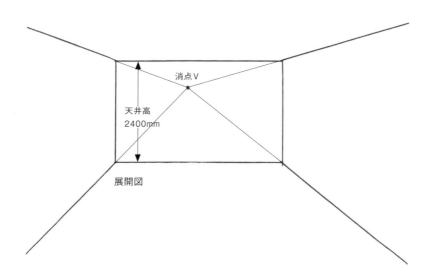

③ 奥行きの線を描く

部屋が正方形に見えるように、床に奥行きの線を引きます。

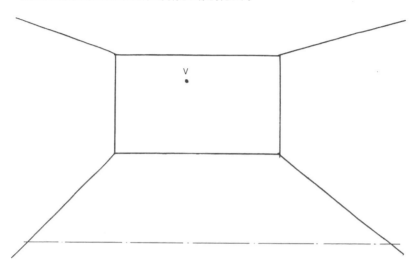

④ 床にグリッドを描く

間口を4分割して消点Vと結び、対角線を引きます。グリッドを完成させていく手順は「断面図から描く」と同じです。(p.32参照)

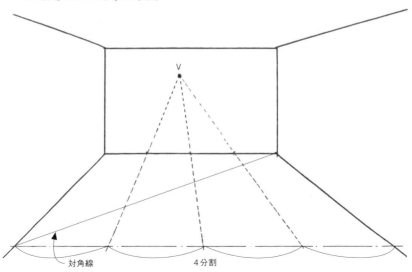

2章 インテリアパースを描く

⑤ 展開図に家具の高さを描く

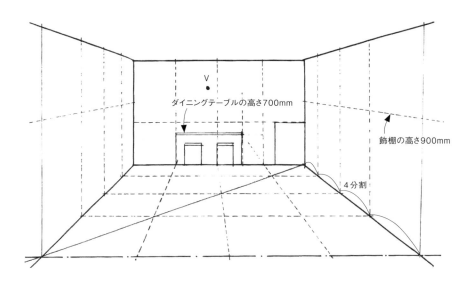

⑥ 床と壁に家具の位置を描く

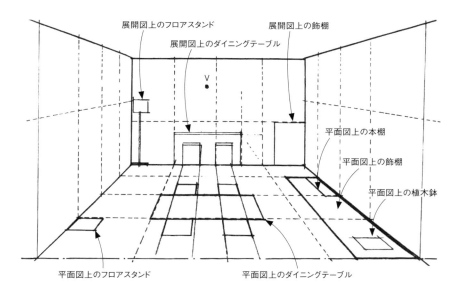

⑦ 家具の高さを立ち上げる

壁から離れている家具の高さも、展開図から引き出します。

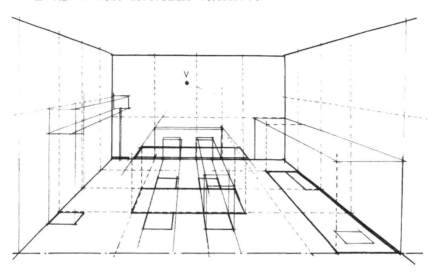

⑧ 家具を描き込む

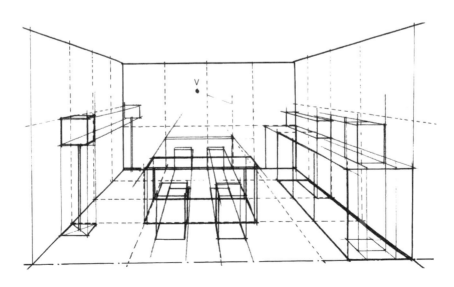

2章 インテリアパースを描く

⑨ 空間と家具をペンで清書し、下図線を消す

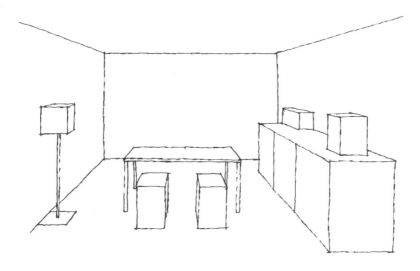

⑩ 小物や外の風景を描き込み、仕上げる

開口部、カーテン、外の庭を描くと、奥行きのあるパースになります。

壁に絵を掛ける

飾棚の中の小物も描く

5. 斜めの壁を描く

建築もインテリアも、平面的にきっちりと水平垂直に壁や家具が置かれているとは限りません。斜めに置かれたものはひとつのパースの中で2つの消点をもちます。1点透視図と2点透視図が同時に存在するパースになりますが、インテリアが1点透視図法で描かれる場合は、この図は2点透視図ではなく、1点透視図となります。

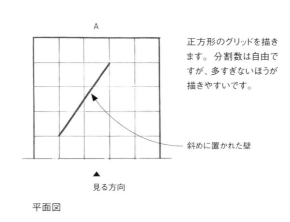

正方形のグリッドを描きます。分割数は自由ですが、多すぎないほうが描きやすいです。

斜めに置かれた壁

見る方向

平面図

① **A面の展開図を描く**

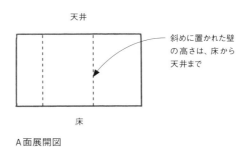

斜めに置かれた壁の高さは、床から天井まで

A面展開図

② 消点を決める

消点 V_1 は適当に決めてOKです。展開図の隅部と V_1 を結び、左右の壁を描きます。

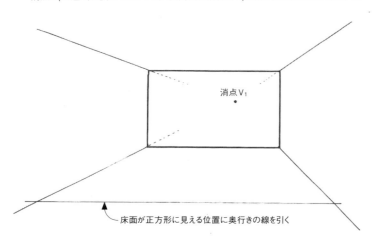

床面が正方形に見える位置に奥行きの線を引く

③ 床にグリッドのタテの線を描く

間口を5分割し、V_1 と結んで対角線を引きます。対角線の向きは、下図のように右手前から左奥に向けて描いても、左手前から右奥に向けても、どちらでもよいです。

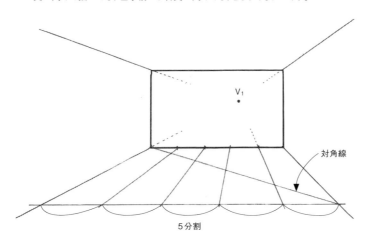

④ 床にグリッドのヨコの線を描く

対角線との交点に水平線を描くと、グリッドが完成します。

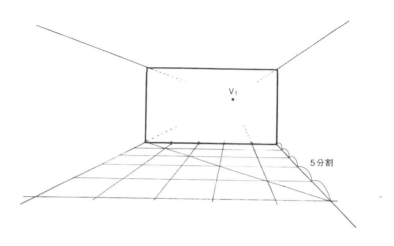

5分割

⑤ 床に斜めの壁の位置を出す

平面図に描かれた斜めの壁を床面に写し取ります。さらに、斜めの壁の消点 V_2 を求めるために、V_1 を通る水平線を引きます。

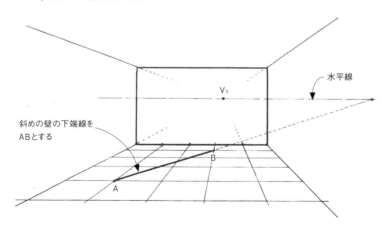

水平線

斜めの壁の下端線をABとする

2章　インテリアパースを描く　43

⑥ 斜めの壁の消点を求める

斜めの壁の下端線ABの延長線と、消点V_1を通る水平線との交点が、斜めの壁の消点V_2です。また、斜めの壁の高さを求めるために、正面の壁との交点Cを立ち上げた線CDを描きます。これが斜めの壁の展開図上の高さです。

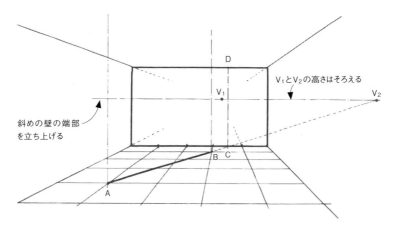

⑦ 斜めの壁の高さを求める

DとV_2を結ぶと、斜めの壁のパースラインが引けます。このラインの延長とA、Bから立ち上げた垂線との交点同士を結んだ線EFが、斜めの壁の上端（天井とぶつかる部分）です。

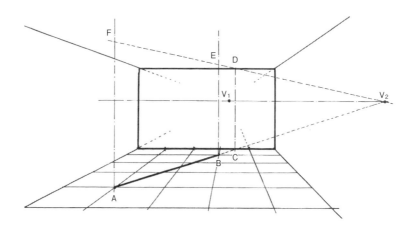

⑧ 斜めの壁を描く

斜めの壁を描くための下図線は消してしまってOKです。

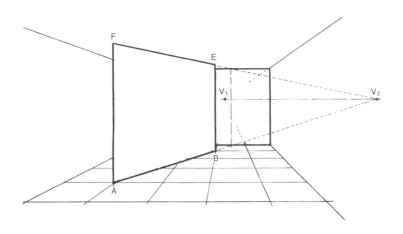

⑨ インテリアの下描きをする

斜めの壁に掛かる絵の額の消点は、壁と同じV_2です。ひとつの部屋の中に2つの消点があるので、インテリアを描くときは要注意です。

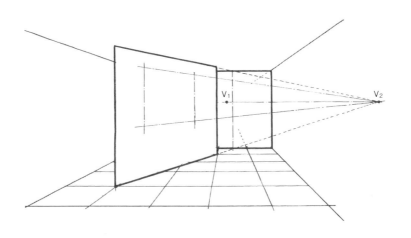

2章 インテリアパースを描く

⑩ 開口部を描く

左の壁面に引違い戸を、正面奥の壁に腰高窓を描きます。また、斜めの壁を強調するために横目地を入れます。目地の消点は V_2 です。

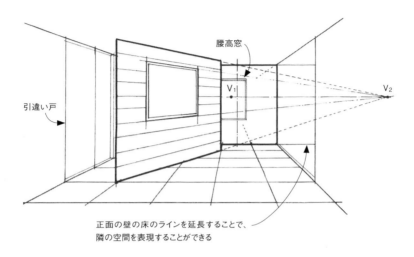

⑪ 小物や外の風景を描き込む

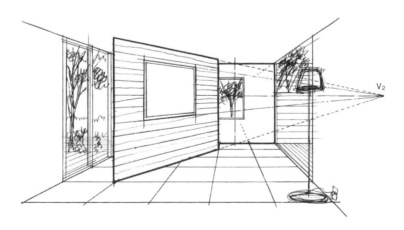

⑫ ペンで清書して仕上げる

樹木を描くときは、実際に気に入った樹木を
真似して描くとよい(p.108、117参照)

2章　インテリアパースを描く

6. 曲面の壁を描く

斜めの壁の描き方と同様に、グリッドに曲面の壁の位置を出して描いていきます。
何もない室内が描けたら、開口部や家具などを、用途をイメージしながらつけ加えていきます。最初は誰でも、何もない室内からイメージが泉のように湧いてくるというわけにはいきませんが、絵の額を掛けたり、窓を描いたりするなどのやさしいことからトライしてください。

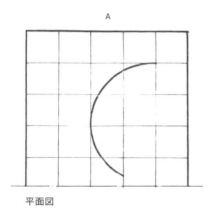

平面図にグリッドを描きます。グリッドの分割数は自由ですが、正方形になるように分割するのがポイントです。

平面図

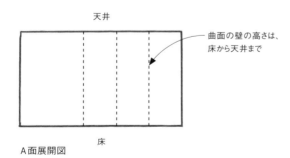

曲面の壁の高さは、床から天井まで

A面展開図

① 消点を決め、床にグリッドを描く

平面図と同じ5分割のグリッドを描きます。消点Vの位置は適当でOKです。グリッドは対角線を使って完成させます。

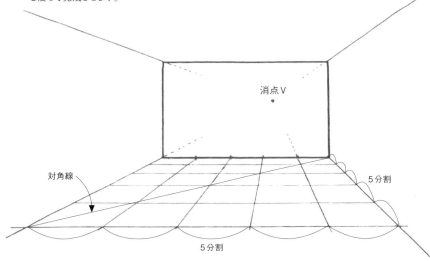

② 天井にグリッドのタテの線を描く

床のグリッドを使って壁の奥行きも5分割し、天井にもグリッドを描いていきます。

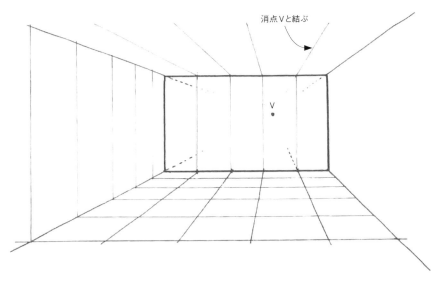

2章 インテリアパースを描く

③ 天井にグリッドのヨコの線を描いて、完成させる

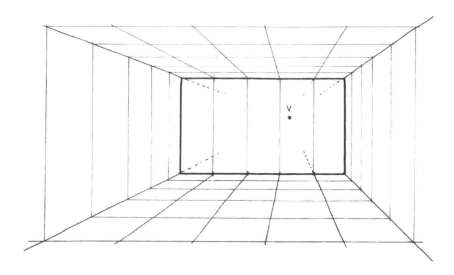

④ 床と天井に曲線の壁の位置を出す

平面図を見ながら、壁の円弧とグリッドの交点を床と天井にプロットします。

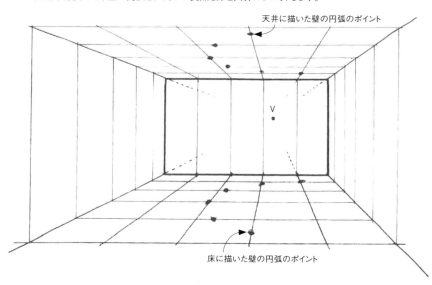

天井に描いた壁の円弧のポイント

床に描いた壁の円弧のポイント

⑤ ポイントを結んで、曲線の壁の円弧を床と天井に描く

円弧のポイントをなめらかな曲線で結びます。

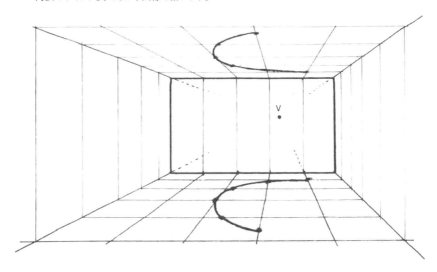

⑥ 上下の円弧を繋いで、曲面の壁を描く

円弧のポイントの位置が正確に出せていると、上下を繋いだ線は垂直になります。

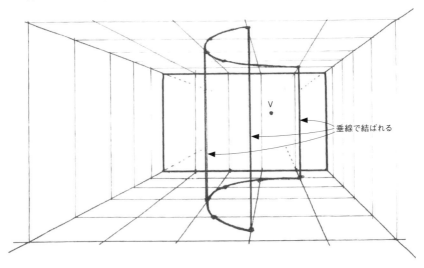

垂線で結ばれる

⑦ 下図線を消す

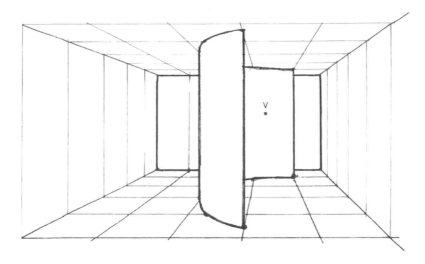

⑧ 家具や小物、外の風景を描き込む

曲面の壁の内側に椅子を描き、壁が半透明であることを表現します。

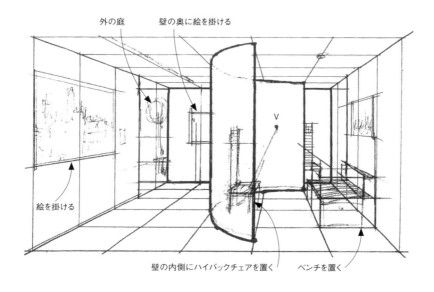

⑨ ペンで清書して仕上げる

外の風景を描き込むと、インテリアに広がりが出ます。さらに家具や絵を半分だけ見せると、壁の背後にある空間を強調することができ、奥行き感のあるパースになります。

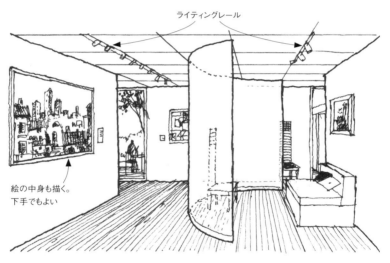

小さなギャラリーをイメージしたインテリアパース

7. 階段を描く

階段は吹抜けと一体になっている場合が多いため、インテリアパースによく描かれる場所です。ここでは、作図上わかりやすいように、少ない段数の階段を想定して説明します。
平面図と階段を正面から見た展開図が必要です。

① **平面図と展開図を用意する**

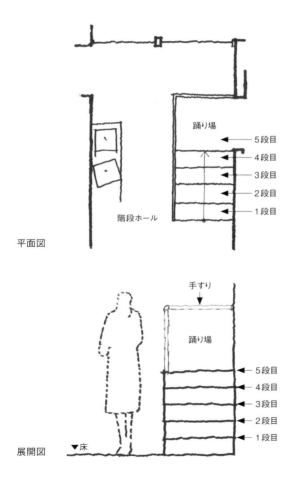

② 室内の消点を決め、階段のパース上の平面形を描く

室内の消点V_1の位置を決めます。階段の消点も同じです。階段の奥行きは適当でOKです。消点が近いと急な階段になり、消点が遠いとゆるやかになります。

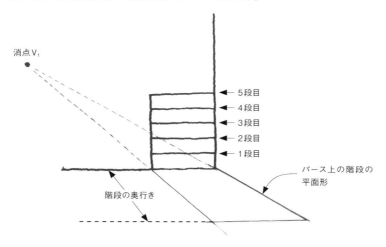

③ 階段の蹴上げの線を描く

蹴上げとは、階段の段の高さのことです。

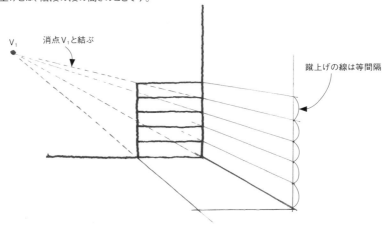

④ 蹴上げのボックスを描く

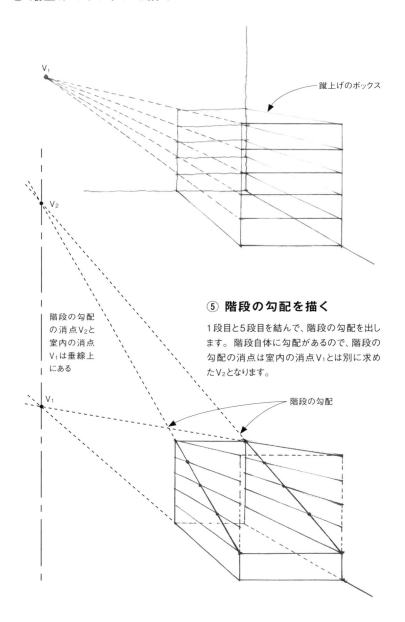

蹴上げのボックス

階段の勾配の消点V₁と室内の消点V₁は垂線上にある

⑤ 階段の勾配を描く

1段目と5段目を結んで、階段の勾配を出します。階段自体に勾配があるので、階段の勾配の消点は室内の消点V₁とは別に求めたV₂となります。

階段の勾配

⑥ 蹴上げ、踏み面を描く

踏み面とは、足を載せる板の上面のことです。階段の勾配と蹴上げの線の交点から垂線を下ろして水平線を引くと、踏み面が描けます。

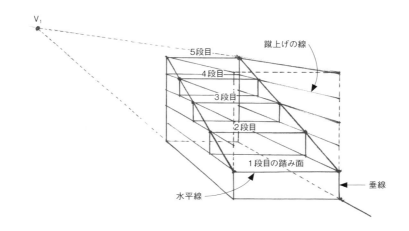

⑦ 下図線を消し、踊り場を描く

踊り場の奥行きは適当でOKです。

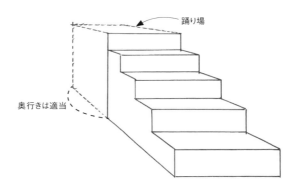

⑧ 階段ホールの雰囲気を描き込む

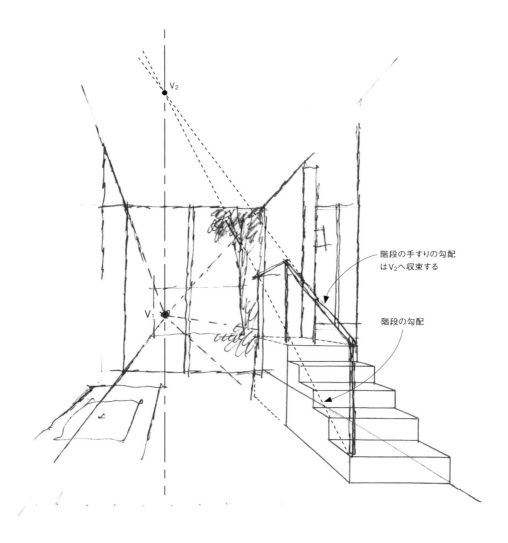

階段の手すりの勾配はV₂へ収束する

階段の勾配

⑨ ペンで清書して仕上げる

階段のあるインテリアパース

8. 斜め天井を描く

部屋によっては水平ではなく、勾配のある天井も珍しくありません。しかし描いてはみたものの、なかなか斜めに見えないものです。ただし図法を知っていれば、難しくありません。

妻入り側（A）方向の場合は、勾配がそのまま現れてきますので、その勾配を平行に描けばよいだけですから問題ないと思います。問題は平入り（B）方向から見た斜め天井です。斜め天井は部屋の消点のほかに独自に消点をもつことを覚えてください。

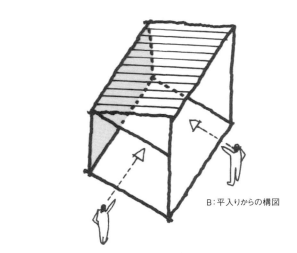

B：平入りからの構図

A：妻入りからの構図

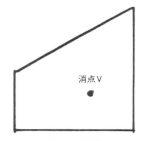

A：妻入りからの展開図

消点V

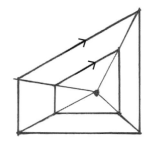

斜めの天井は平行

① 奥の壁の展開図を描く

前ページの図で、Bの平入りの方向から見たとき、正面奥に見える（グレーで示した）壁の展開図を描きます。

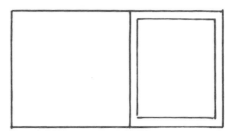

B：平入りからの展開図

② 部屋の消点を決める

消点V_1は適当に決めてOKですが、大体目の高さにすると、自然な構図になります。展開図の隅部と消点V_1を結び、線を延長すると、床・壁・天井が描けます。しかしこれはまだ斜め天井の勾配ではなく、普通のフラットな天井です。ここでは、一旦、フラットなまま描いておきます。

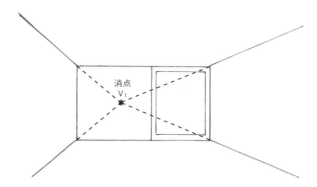

2章 インテリアパースを描く

③ 斜め天井の高さを決める

左右どちらかの壁に、斜め天井の最高高さAをとります。正確な高さではなく、斜め天井の最低高さBとの割合で適当に決めてOKです。

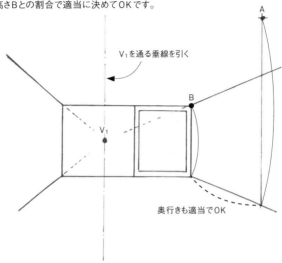

④ 斜め天井の消点を求め、勾配を描く

AとBを結んだ延長線と、垂線との交点が斜め天井の消点V_2です。これで部屋のかたちは完成です。

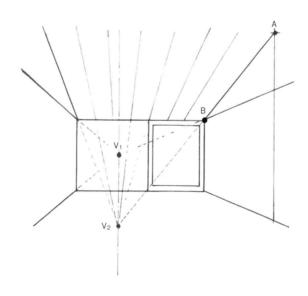

⑤ インテリアを描く

室内にミニキッチンを描いてみましょう。床面にキッチンの平面形を描き、カウンターの高さを立ち上げます。カウンターの高さ（900mm）は、右側の掃き出し窓の高さ（1800mm）をもとに、適当に求めます。

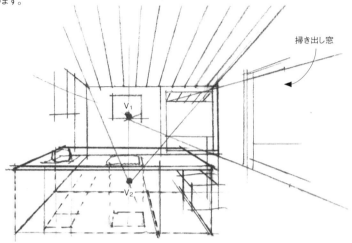

掃き出し窓

⑥ 小物や天井の板目などの細部を描き込み、ペンで清書する

調理器具やボトルなどの小物、壁に掛かる絵、照明器具などを描き込みます。また、斜め天井の板目を消点V_2に向かって描くと、勾配が強調されます。さらに、外の風景も描くとインテリアが映えます。

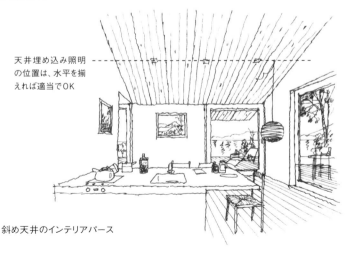

天井埋め込み照明の位置は、水平を揃えれば適当でOK

斜め天井のインテリアパース

2章 インテリアパースを描く

9. 円形のインテリアを描く

遠近感をつけた円形を描くのは難しいものです。円は正方形に4点内接しますから、パース上に正方形を描けば4点は特定できますが、その倍の8点を特定できれば、より正確な円形を描くことができます。ここでちょっとしたコツを伝授します。

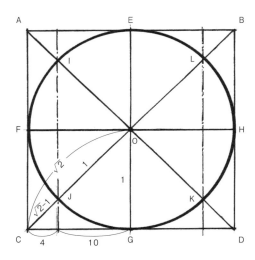

円を描くポイントは、辺の半分を4:10で割り付けるところです。この比率は、平面図上でも4:10になります。平面図の比率はパース上でも同じです。

正方形に内接する円

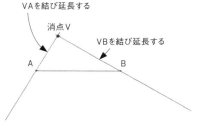

① 正方形の1辺ABを描き、消点Vを決めます。

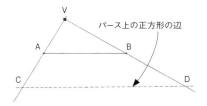

② 円が内接する正方形のパース上の位置を出します。CDは、ABCDがパース上で正方形に見える感覚で適当に決めて引きます。

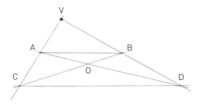

③ AD、BCの対角線を引きます。

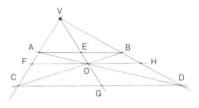

④ 円の内接点E、F、G、Hを求めます。

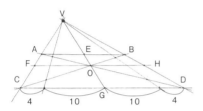

⑤ CG間、GD間をそれぞれ4:10に分けます。

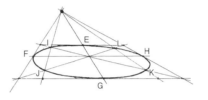

⑥ 対角線との交点I、J、K、Lを求めます。Eから反時計回りに、I、F、J、G、K、H、Lの8点を結んで円弧を描きます。

円形ピットのあるリビング

2章 インテリアパースを描く

パースのツボ

パースシートを使って描く

パースシートとは、床、天井、左右壁、正面壁の5面のグリッドを描いた用紙のことです。パースを描くうえで難しいとされる奥行き、幅、高さのガイドを、あらかじめ描いておきます。この用紙を下敷きにすると、狂いの少ないパースを描くことができます。また、図面がないときにもパースシートを使えば、何枚ものインテリアのイメージを簡単に描けます。（p.140にパースシートがあります）

平面図
3600mm
3600mm

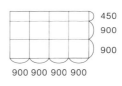

450
900
900
900 900 900 900

① 展開図を900mmピッチで分割します。

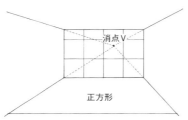

消点V
正方形

② 消点Vを適当に決め、消点と正面壁の隅部を結び延長します。床面が正方形に見える位置に、奥行きの線を引きます。

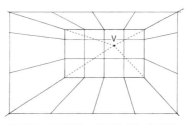

V

③ 消点Vと正面壁の分割点を結び、延長します。

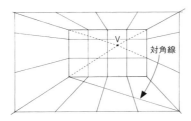

V
対角線

④ 床面に対角線を引きます。

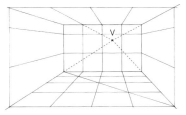
⑤ 正面壁へ向かう線と対角線の交点に水平線を引き、床面にグリッドを描きます。

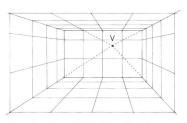
⑥ グリッドと壁の交点をそれぞれ立ち上げると、パースシートの完成です。

⑦ パースシートの上に下描きをします。

⑧ 下描きの上にトレーシングペーパーを載せて、ペンで清書して仕上げます。

2章 インテリアパースを描く

10. やさしい俯瞰パースを描く

私たちが普段見なれているインテリアパースは、実際に自分が室内にいるような視点でしたが、この俯瞰パースは平面図を真上から見下ろしたようなパースです。図法的には断面図が平面図に入れ替わっただけで、断面パース（p.28参照）と同じです。

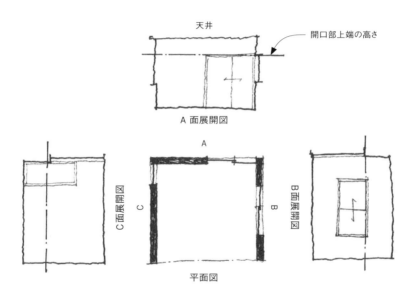

家具が何も描かれていない平面図を用意します。このときの平面図は、窓や出入り口等の開口部が描かれたものがよいので、開口部の上端の高さで切断したものと考えてください。(p.100参照)

① **平面図の中に消点を決める**

平面図の中ならどこでもOKです。

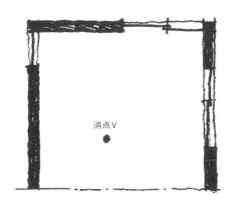

② **消点と部屋の隅部を結ぶ**

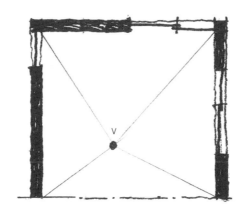

③ 床の位置を検討する

パース上の床の位置（壁の高さ）を検討します。どんなパースにするかを考えながら選びます。

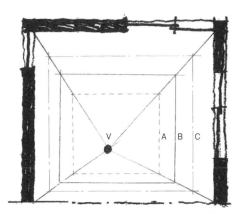

Aの場合：床面が狭く、高い壁で囲まれた深い感じのパースになる
Bの場合：床の広さと壁面のバランスがよく見える
Cの場合：床面は広くなるが、浅くなり、壁面の表現が難しくなる

④ 床の位置を決める

ここでは床と壁のバランスがよいBの位置に決めます。

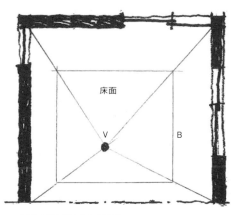

上図のBを床面とした場合

⑤ 窓の高さを決める

壁の半分の高さの腰高窓を描きます。まず、壁と同じ高さがある引違い戸を描きます。引違い戸の消点は部屋と同じです。壁の上から下までを対角線で結び、引違い戸の左上と消点Vとを結んだ線との交点を求めます。

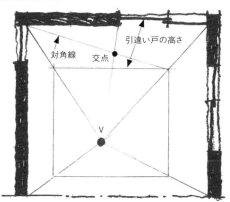

⑥ 開口部の位置を出す

引違い戸の幅はこの壁の半分（a）なので、求めた交点は、パース上で壁の半分の高さに位置します。交点を通る線を四周の壁に回すと、腰高窓の下端の線が描けます。

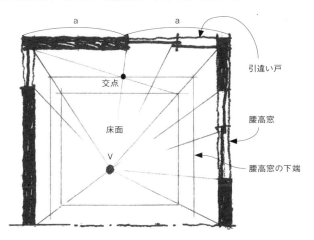

2章 インテリアパースを描く 71

⑦ 建具を描く

引違い戸、腰高窓、そして腰高窓と同じ高さの片開き窓を描きます。

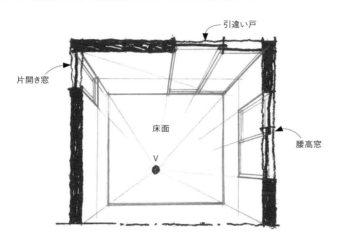

⑧ 建具を仕上げる

建具に厚みをつけて、開口部を仕上げます。

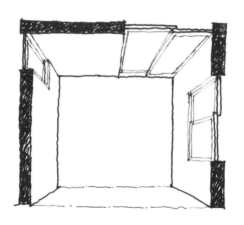

⑨ 家具を描く

腰高窓の下に置かれた収納棚の平面形を床面に描きます。この平面形の角と消点Vを結んで延長すると、収納棚の高さの線が描けます。

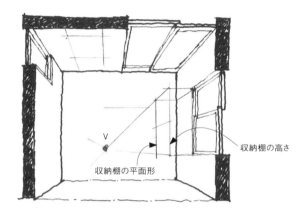

⑩ 小物や床の板目などの細部を描き込み、清書する

このほか、机や椅子なども描き込むと、部屋の雰囲気がより豊かになります。

11. 少し複雑な俯瞰パースを描く

キッチンセットや家具などがある少し複雑なLDKの俯瞰パースに挑戦してみましょう。俯瞰パースでは、キッチンカウンターや椅子、テーブルなどの高さが奥行きとして現れます。椅子は450mm、キッチンカウンターは900mmなど、それぞれの家具の高さを知っておく必要があります。

俯瞰パースで描くLDKの平面図

① 平面図を描く

家具が何も描かれていない平面図を用意します。「やさしい俯瞰パース」のときと同様、開口部の上端の高さで切断したものです。(p.68、100参照)

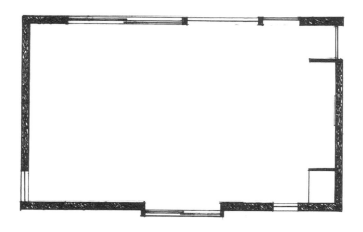

② 消点と床の位置を決める

消点Vを適当な位置に決めます。床の位置の決め方も、「やさしい俯瞰パース」と同様です。(p.70参照) 床と壁のバランスがよいBの位置に決めます。一般的な住宅における開口部の高さは、床から1800mmくらいだと覚えておいてください。

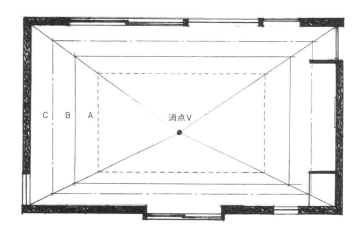

③ 壁面の高さを4分割する

ひとつの壁面の幅を4分割し、対角線を引きます。対角線と4分割線の交点が、壁面の高さ（パースの深さ）を4分割する位置です。

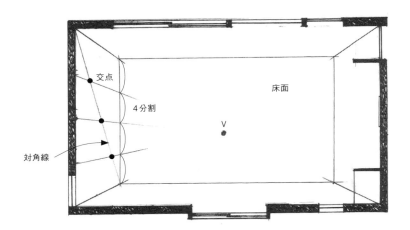

④ 壁面に高さのレベル線を描く

交点を通る線を四周の壁に回して、壁面に高さのレベル線を描きます。図②で記した通り、開口部高さ（＝パースの深さ）は1800mmです。高さを4分割したということは、450mmピッチでレベル線が描かれたことになります。

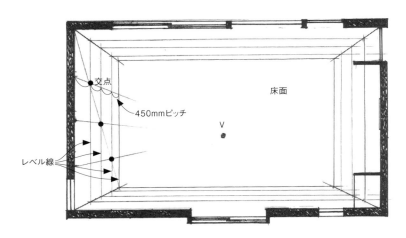

⑤ 建具を描く

高さのレベル線を使って、引違い戸、腰高窓等の建具を下描きしていきます。また、家具の高さも確認しておきます。

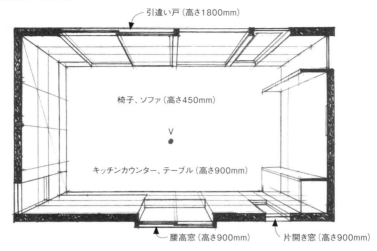

⑥ キッチンカウンターや家具の平面形を描く

LDKの平面図（p.74参照）にあった、キッチンカウンターや家具の平面形を床面に描いていきます。下の図では点線で記しています。

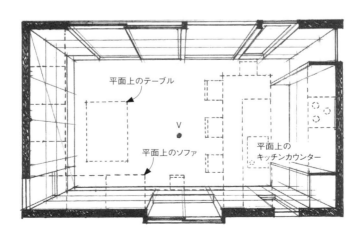

2章 インテリアパースを描く

⑦ 家具やテラスをパース上の床面に落とす

家具の隅部と消点Vを結ぶ線を描き、その線上で家具の高さを立ち下げていきます。

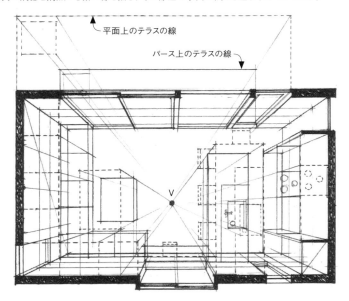

⑧ 家具を清書する

下図線を消して、一旦、家具だけを清書します。

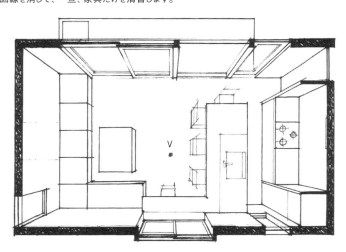

⑨ 小物や樹木の下描きをする

家具の清書の上から、小物や樹木を描き加えていきます。
樹木の幹の消点は、部屋の消点Vへ向かいます。

⑩ 小物や床の板目などの細部を描き込み、仕上げる

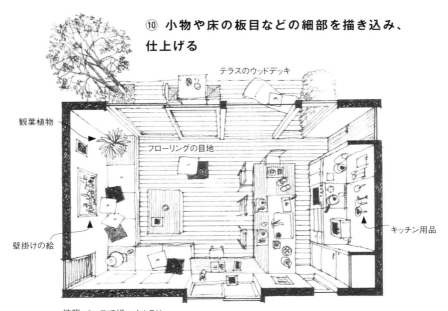

俯瞰パースで描いたLDK

パースのツボ

俯瞰パースは回転しても使える

俯瞰パースの一番の特徴は、どの方向から描いても、どの方向から見ても成り立つことです。下の3つはまったく同じ図ですが、見る方向は違います。どの図も違和感はなく、空間を理解できると思います。プレゼンテーションボードなどのレイアウトにも、自由に合わせることができます。

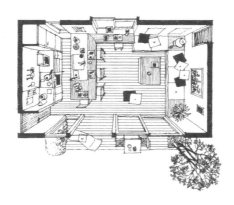

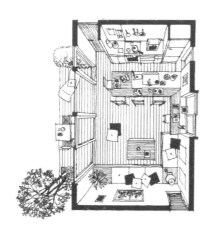

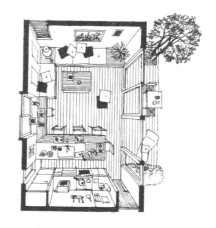

3章

インテリアアクソメを描く

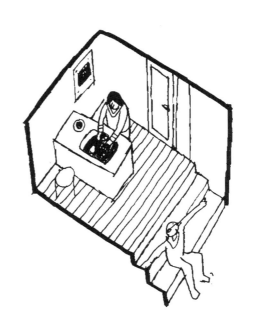

1.図面を準備する

インテリアを描くためには、内部が表現された図面が必要です。アクソメの場合は主に平面図、展開図を基準に描いていきますから、平面図はもとより、インテリアの壁面を表現した展開図が必要です。

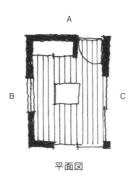

平面図

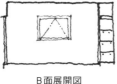 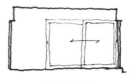

B面展開図　　　　　　　　A面展開図　　　　　　　　C面展開図

アクソメのツボ

展開図とは?

建物の外観を表す図が立面図、室内の壁面を表す図が展開図です。部屋の多くは四角形ですので、展開図は東西南北の4面で表現されます。たとえば部屋の東側の壁面を「東面展開図」と呼びます。下の平面図では南面を省略していますので、正面と左右の内壁の3面の展開図が描かれています。

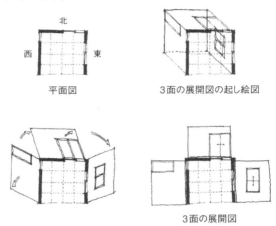

展開図は扉や窓の位置や大きさ、デザインなどを表現する図ですから、部屋の内壁の見えがかり線が図の枠のように表示されます。建築図面としての展開図では壁や窓枠の厚みなども表現しますが、インテリアを描く場合は単純な四角形として描いてもよいでしょう。

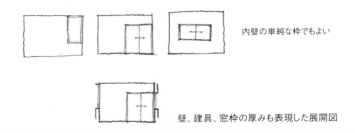

3章 インテリアアクソメを描く

2.アクソメは平面図や展開図から描く

平面図からアクソメを描く場合、高さを立ち上げて描いていく場合と、立ち下げていく場合の2通りがあります。これは、最初に用意した平面図の情報量によるところが大きいです。

たとえば床面に家具が描かれている平面図を使って、床から壁や家具の高さを立ち上げて描いていくことは、初心者でも感覚的につかみやすいと思います。しかし段々と下図線が増えていき、床面の家具の線とも重なり合っていくので、図が複雑化していきます。

一方、床面には何もない平面図を使う場合には、実は立ち下げて描いていったほうが楽です。ただし「壁を立ち下げる」という感覚を会得するには、ある程度の作図への慣れが必要です。

さらに、展開図から奥行きを引き出して描くこともできます。

1．平面図から描く
平面図から立ち上げて描く場合

アクソメの基本的な描き方。平面図をセットする角度は任意ですが、45度・45度または30度・60度が一般的です。

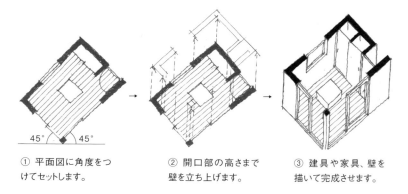

① 平面図に角度をつけてセットします。

② 開口部の高さまで壁を立ち上げます。

③ 建具や家具、壁を描いて完成させます。

平面図から立ち下げて描く場合

アクソメの上級者向けの描き方。平面図をセットする角度は、立ち上げて描く場合と同じく任意です。

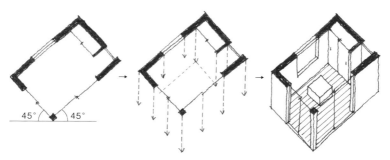

① 床面に何もない平面図をセットします。

② 開口部の上端から床までの高さを立ち下げます。

③ 建具や家具、床を描いて完成させます。

インテリアでなく、背もたれのある椅子を単体で描く場合には、座面を基準にして、脚の部分は立ち下げ、背の部分は立ち上げるのが普通です。(p.121参照)

2. 展開図から描く

これは、先に述べたカバリエ図法 (p.13参照) というものです。展開図から、手前に部屋の奥行きの分だけ平行線を引き出します。さらにもう一面の内壁と床面を描きます。手前に引き出す角度は任意ですが、30度や45度が一般的です。

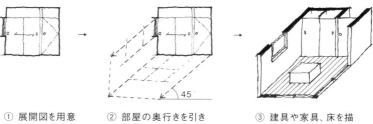

① 展開図を用意します。

② 部屋の奥行きを引き出します。引き出す角度は自由です。

③ 建具や家具、床を描いて完成させます。

3.平面図から立ち上げて描く

平面図から高さを立ち上げてアクソメを描きます。家具の位置がすでに平面図に描かれているので、床から立ち上げて描いていくのは簡単です。

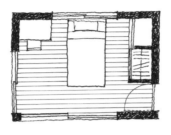

平面図は開口上端の
高さで切ったものを使う
(p.100参照)

平面図

① 平面図を45度に置く

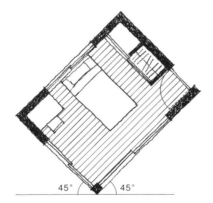

② 壁、建具、家具の高さを立ち上げる

③ 壁と建具を描く

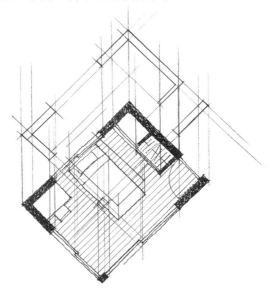

壁の上部（切断面）を黒く塗る

建具には厚みをつける

3章 インテリアアクソメを描く

④ 清書用のトレーシングペーパーを重ねる

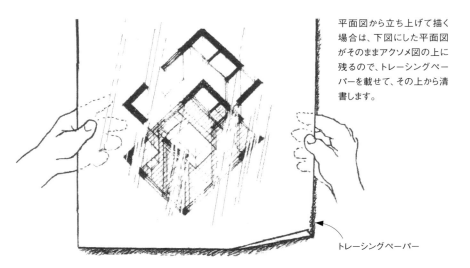

平面図から立ち上げて描く場合は、下図にした平面図がそのままアクソメ図の上に残るので、トレーシングペーパーを載せて、その上から清書します。

トレーシングペーパー

⑤ ペンで清書する

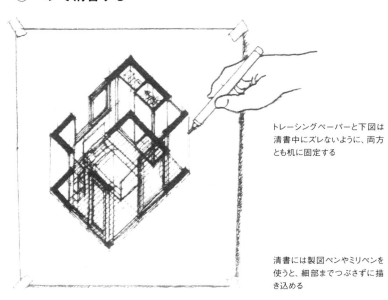

トレーシングペーパーと下図は清書中にズレないように、両方とも机に固定する

清書には製図ペンやミリペンを使うと、細部までつぶさずに描き込める

⑥ トレーシングペーパーを残して、下図を外す

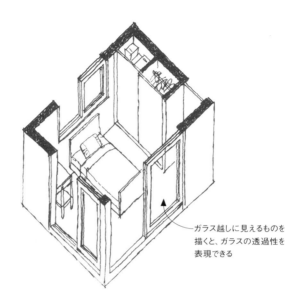

ガラス越しに見えるものを描くと、ガラスの透過性を表現できる

⑦ 家具などの細部を描き込み、仕上げる

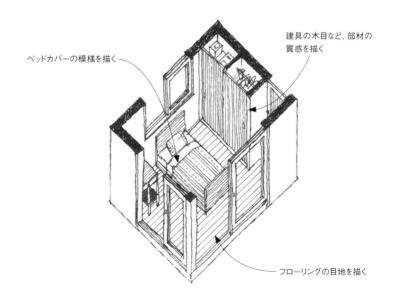

ベッドカバーの模様を描く

建具の木目など、部材の質感を描く

フローリングの目地を描く

3章 インテリアアクソメを描く

4. 平面図から立ち下げて描く

床に何も置かれていない平面図をもとに、高さを立ち下げてアクソメを描きます。情報の少ない図面からなので、壁を描いていくのは簡単ですが、途中、図の中に家具の位置を描き加える必要があるので、工程がひとつ多くなります。

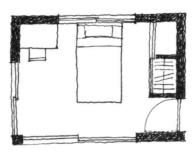

平面図は開口上端の
高さで切ったものを使う
(p.100参照)

一般的な平面図

① 平面図を45度に置く

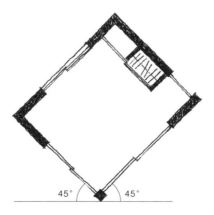

床に何も描かれていない平面図

② 壁、建具の高さを立ち下げる

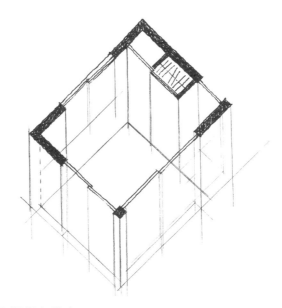

③ 建具の細部を描く

建具のほか、床面に家具の平面形も描き込みます。

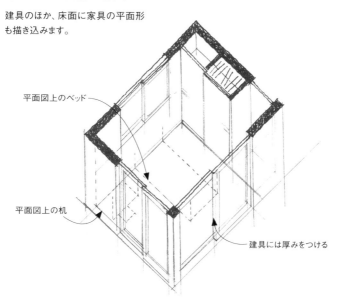

- 平面図上のベッド
- 平面図上の机
- 建具には厚みをつける

3章 インテリアアクソメを描く

④ 家具を描く

家具それぞれの高さを立ち上げます。

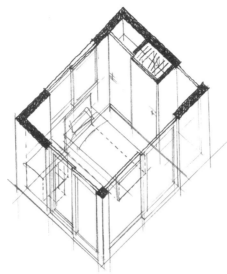

⑤ ペンで清書する

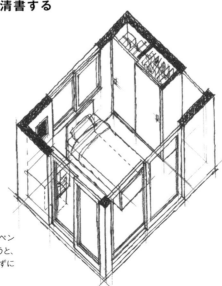

立ち上げて描く場合は、下図にした平面図がアクソメ図の上に残るので、トレーシングペーパーの上からの清書が必要でしたが（p.88参照）、立ち下げて描く場合は、鉛筆の下描きの上からペンで清書して、下描き線を消しゴムで消してもOKです。

清書には製図ペンやミリペンを使うと、細部までつぶさずに描き込める

⑥ 鉛筆の下描き線を消す

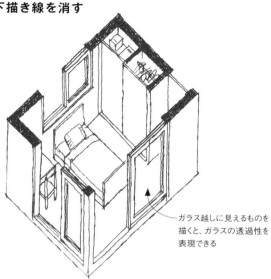

ガラス越しに見えるものを描くと、ガラスの透過性を表現できる

⑦ 家具などの細部を描き込み、仕上げる

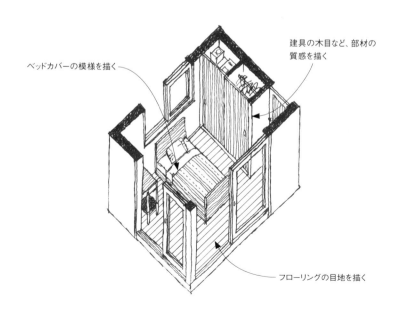

ベッドカバーの模様を描く

建具の木目など、部材の質感を描く

フローリングの目地を描く

3章 インテリアアクソメを描く

5. 展開図から描く

この図法では、展開図から奥行きを引き出す角度によって視点が変わります。引き出す角度を小さくすると低い視点、大きくすると高い視点の図になります。

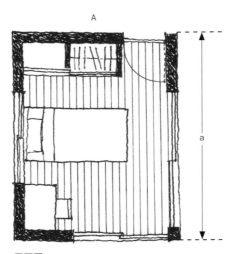

平面図

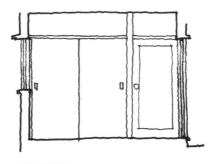

A面展開図

① 展開図から奥行きを引き出し、壁、建具の高さを立ち上げる

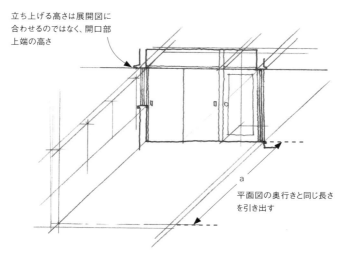

立ち上げる高さは展開図に合わせるのではなく、開口部上端の高さ

a

平面図の奥行きと同じ長さを引き出す

② 開口部上端の高さに、壁と建具の平面形を描く

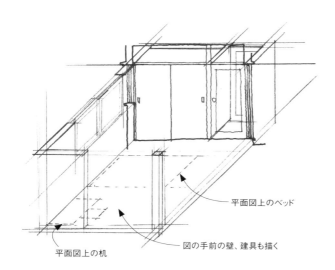

平面図上のベッド

図の手前の壁、建具も描く

平面図上の机

③ 建具、家具を描き込む

建具や家具の幅、奥行き、高さは、平面図の寸法通りに描きます。

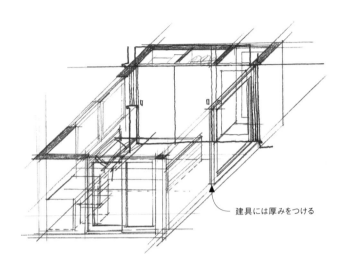

建具には厚みをつける

④ 余分な鉛筆の下図線を消す

下図線が多すぎる場合は、清書用のトレーシングペーパーを
載せる前に、余分な線を消すとよいでしょう。

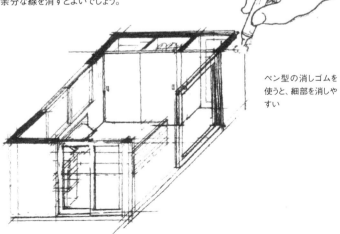

ペン型の消しゴムを
使うと、細部を消しや
すい

⑤ トレーシングペーパーを載せ、上からペンで清書する

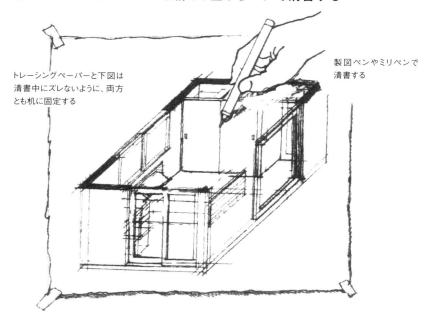

トレーシングペーパーと下図は清書中にズレないように、両方とも机に固定する

製図ペンやミリペンで清書する

⑥ 家具などの細部を描き込み、仕上げる

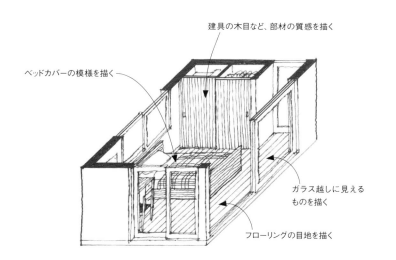

建具の木目など、部材の質感を描く

ベッドカバーの模様を描く

ガラス越しに見えるものを描く

フローリングの目地を描く

3章 インテリアアクソメを描く

6.アクソメの角度の決め方

平面図をそのまま平行に立ち上げて表現されるアクソメでは、角度のつけ方は自由ですが、角度のとり方によって表現される部分に違いが出ます。ですから、表現したい部分に適した角度を選択して、平面図をセットします。

A面＝B面の場合

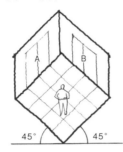

45度・45度にセットされた図では、AとBの2つの壁面が同等の割合で表現されます。

A面＞B面の場合

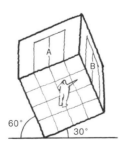

60度・30度にセットされた図では、A面＞B面になり、Aの壁面が強調された図になります。

A面＜B面の場合

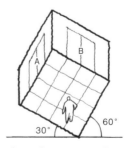

30度・60度にセットされた図では、A面＜B面になり、Bの壁面が強調された図になります。

7. 高さは垂直に立ち上げる

アクソメの作図をするときは、平面図を水平垂直にセットして描いてもよいのですが、そうすると高さ方向の線が斜めになり、見づらさを感じます。通常、私たちは高さを垂直に見ているため、それに合わせた向きのほうが見やすいのです。
下の図を比較してわかる通り、テーブルもキッチンも高さを垂直に表現したほうが、見る人に形や空間を正確に理解してもらえると思います。

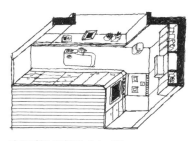

高さを斜めに表現したキッチン

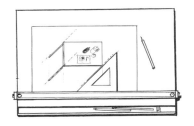

製図するときも、高さを斜めに引き出すのは描きにくい

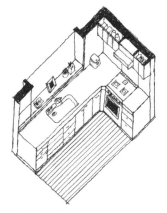

高さを垂直に表現したキッチン

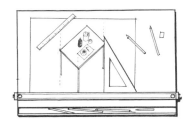

高さを垂直にしたほうが描きやすい

3章 インテリアアクソメを描く　　99

8. 平面図は開口上端で切る

アクソメを描く際、出入り口や窓などが描かれた平面図を基準にして描きますが、このとき、切断面の高さが開口部の上端となるよう設定してください。天井付近で切った状態で表現すると、図のように、垂れ壁の断面までが描かれて、部屋と部屋、内部と外部のつながりが不明確になってしまうためです。

一般的な平面図は、床から1～1.5mの高さで水平に切った状態を描いたものです。こうした平面図には現れない開口部がある場合には、開口部上端で切ったように図面を修正する必要があります。

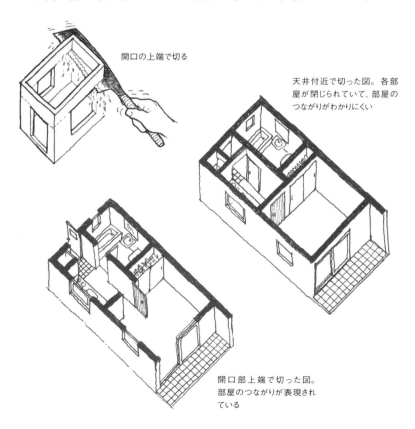

開口の上端で切る

天井付近で切った図。各部屋が閉じられていて、部屋のつながりがわかりにくい

開口部上端で切った図。部屋のつながりが表現されている

9. 高さの縮小補正は8割に

アクソメは奥行き、幅、高さを寸法（縮尺）に合わせて描くのが原則ですが、そうすると視覚的に実際の高さよりも高く見えてしまうという特性があります。

そこで、高さを縮小補正して描くと自然に見え、その補正値は8割といわれています。しかし、こうした見た目を重視すると、アクソメの図を測れば実際の寸法がわかるという利点を失うことになります。表現意図を考え、どちらにするかは皆さんが判断してください。

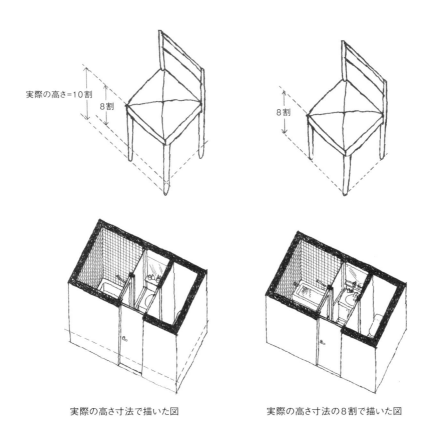

実際の高さ寸法で描いた図　　　実際の高さ寸法の8割で描いた図

アクソメのツボ

アクソメとアイソメ

アクソメもアイソメも平行投影図ですが、本書でアクソメを詳しく取り上げているのは、作図が簡単だからです。アクソメは平面図をそのまま利用できますが、アイソメは平面図をひし形に作図し直す手間がかかります。しかしグリッドが描ければ、後の作図要領は同じです。

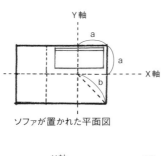

ソファが置かれた平面図

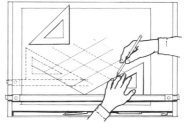

ひし形のグリッドを描くには、平行定規と30度の三角定規を使うとよいでしょう。

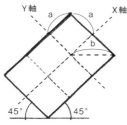

アクソメはすべての方向の寸法が平面図と同じになります。

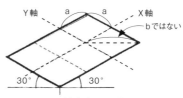

アイソメはX・Y軸方向だけが平面図と同じ寸法になります。

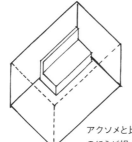

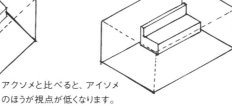

アクソメと比べると、アイソメのほうが視点が低くなります。

アクソメのツボ

アクソメでインテリアレイアウト

さまざまな家具のアクソメを描いておくと、意外な使い道があります。まず、設計した部屋の平面図から、部屋だけのアクソメを描きます。そして、前に描いておいた家具を切り取り、部屋の中にレイアウトしてみてください。何種類もの案がつくれます。

注意しなければならないのは、縮尺と立ち上げの角度が同じでなければならないことと、家具の向きによって、置き方が限定されてしまうことです。アクソメはこのような方法で、さまざまな案の検討に使うこともできるのです。

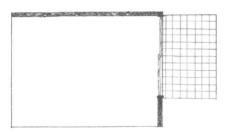

部屋の平面図

① **部屋のアクソメを描く**

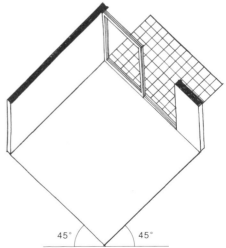

② 家具のアクソメを描く

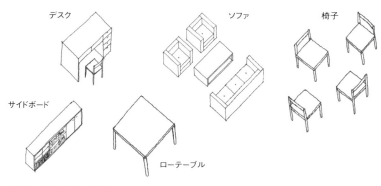

45度・45度で描いた家具

③ 家具を切り取って部屋に配置する

家具を置く角度に注意すること。立ち上げた角度が同じで、かつ縮尺も同一でなければ、ひとつの空間の中に存在できません。

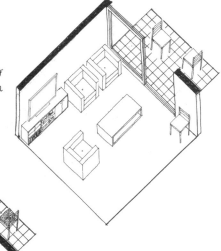

④ 細部を描き込み、仕上げる

フローリングの目地や小物、絵の額等を描き込んで仕上げます。

4章
背景・添景を描く

1. インテリアを引き立てる外の風景

インテリアパースだからといって庭などの外の風景は無関係と思いがちですが、そうではありません。むしろ、インテリアを引き立たせるための重要な役割をもっているのです。外の庭やテラスを描くことによって、空間がより豊かになるのです。さらに、ガラスをできるだけ透明なものとして描くと、空間の広がりを表現できます。

アクソメでは樹木も斜め上からの視点で描きます。

ガラスを透明に表現したパース

ガラス越しに見える外の庭の様子を描くと、開放感があるパースになります。

ガラスをカーテンやロールスクリーンで隠したパース

ガラスをカーテンやロールスクリーンで覆い、一部分から外が見えるように表現すると、インテリアに奥行き感が増します。

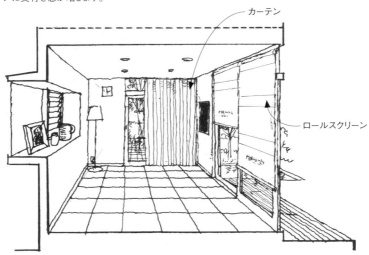

4章 背景・添景を描く

2. 外の風景を描く

室内から見える外の風景は庭や道路、または隣の家などさまざまです。それを描くのは難しすぎるという人は、自分の好きな庭の写真を見て描いてもかまいません。また、あらかじめ写し取った絵を拡大縮小し、パースの中のガラス部分を切り抜いて、後ろにすべり込ませて背景にしてしまう合成法でもよいでしょう。

庭の様子を描いた図

パースの中に樹木を入れる場合、真横から見た樹形を描きます。

簡略化した図

詳しく描かれた図

合成法を用いた外の風景のつくり方

① パースの中のガラス部分を切り抜く

好きな庭の図を写し取って、縮尺を合わせておく

② 写し取っておいた庭の図を裏側に差し込む

③ コピー機で複写して、1枚の図として一体化させる

3. 命を吹き込む納まり

建築はさまざまな材質と部材で構成されています。たとえば、窓にはガラスだけでなく窓枠があり、窓枠にも厚みがあります。建具のそうした細部まで表現できれば、図にリアリティが出るのです。特にインテリアパース、アクソメの場合、窓や扉などの開口部の納まりを理解し、それを表現することが重要です。

悪い例

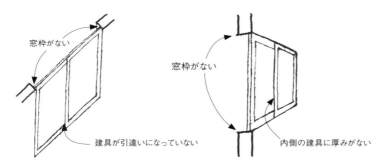

建具（ガラス戸）が引違いになっておらず、窓枠の納まりが建築図としては未完成です。

良い例

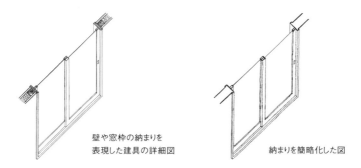

上図のように、壁と窓枠には3〜5mm程度の「チリ」といわれる段差があります。（p.25参照）また、サッシや建具のレールには隙間風を防ぐ凹凸があります。

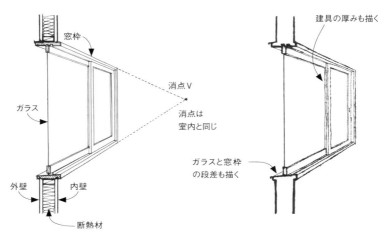

定規で描かれた断面パース　　　　フリーハンドで描かれた断面パース

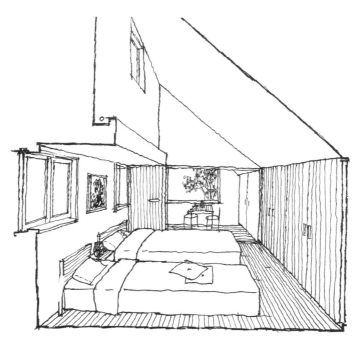

建具の納まりが描かれた断面パース

4章　背景・添景を描く

4. パースに添景を描く

添景を描くことで、パースのスケール感を表現することができます。また、空間が使われている場面を想像させる手助けとなり、パースにリアリティをもたせることもできます。
ここでは人・生活用品・樹木を例に、添景を描く際のポイントを紹介します。

① 人を描く

人を描くときは、正方形のマスを肉付けしていくと形がとれます。

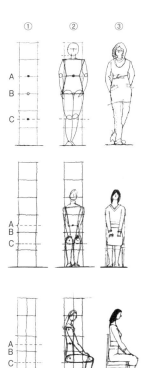

正面から見た人の描き方

① 正方形のマスを6個重ねます。Aの位置がへそ、Bが急所、Cがひざの位置です。マスの大きさは、30cm四方だと、身長が180cmになります。まずは1/100縮尺で練習しましょう。
② 図のように頭、胸の部分、へそから急所、ひざ、すねを大雑把に描きます。少し体形に変化をつけたい場合は、各部位を曲げて描きます。
③ 衣服を着せて、仕上げます。メガネなどで装い、顔の表情はあまりリアルにならないほうがよいでしょう。

側面から見た人の描き方

① インテリアパースに人を描こうとするときに、もっとも多いのは、椅子に座った人の側面でしょう。正面から見た人と同じく、A、B、Cはへそ、急所、ひざの位置です。
② 頭部、胸、腰、太もも、ひざの輪郭を大雑把に描きます。動きを出すために、頭を前に少し傾けます。
③ 衣服を着せて、仕上げます。

② パースの中に人を配置する

パースに人を描き込むとき、正しい位置に正しい大きさで描かれていないと図の遠近感が狂って見えます。これは人に限らず、パースの中のすべてのものについていえることですが、特に人の大きさの狂いは目立つので気をつけましょう。

また、実際の人の身長はさまざまですが、ひとつの図の中では平均身長にそろえて描いたほうが、スケール感を伝えやすく、全体的に整って見えます。大人と子どもを区別するくらいでよいでしょう。

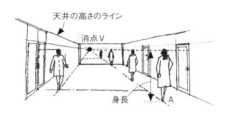

消点が目の高さの場合

消点Vが人の目の高さにある場合、頭の位置は、水平線上にそろいます。AVを結んだ線と、水平線との距離が、Aに立つ人の身長です。扉の高さより人は少しだけ低く描きます。

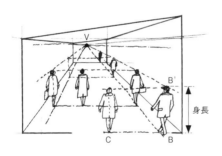

消点が人より高い位置にある場合

BVとB'Vの間の距離が、Bの位置の人の身長です。Cに平行移動しても身長は変わりません。

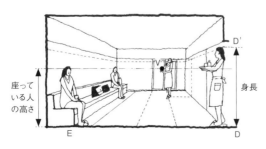

人の目の高さが複数ある場合

Dの位置に立っている人（消点より高い）の身長は、DVとD'Vの間の距離です。また、Eの位置に座っている人の目の高さは消点と同じとし、座っている人の高さは、消点を通る水平線とEVの間の距離です。

4章　背景・添景を描く

③ **生活用品を描く**

インテリアパースの雰囲気を表現するためには、生活用品の存在が欠かせません。日頃から身のまわりの小物をよく観察し、スケッチをしておくとよいでしょう。

描くときに注意しなければならないのは、インテリアの中にある小物の消点とインテリアの消点は、原則、同じだということです。

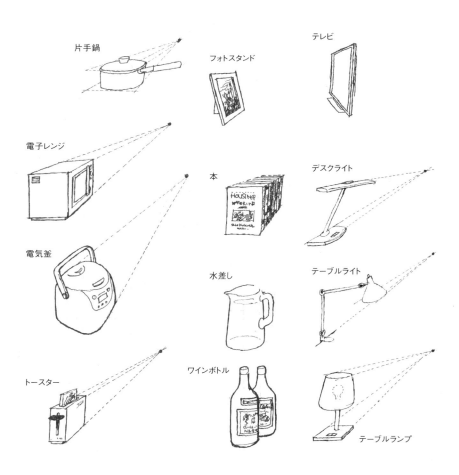

行燈型フロアランプの描き方

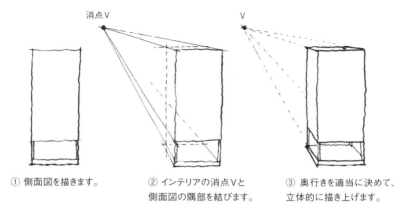

① 側面図を描きます。

② インテリアの消点Vと側面図の隅部を結びます。

③ 奥行きを適当に決めて、立体的に描き上げます。

フロアスタンドの描き方

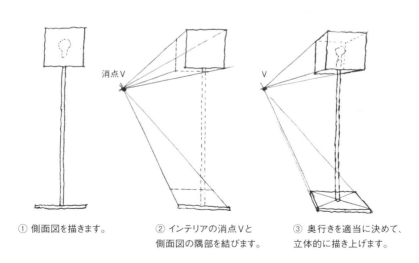

① 側面図を描きます。

② インテリアの消点Vと側面図の隅部を結びます。

③ 奥行きを適当に決めて、立体的に描き上げます。

④ 樹木・観葉植物を描く

パースの中に植木鉢に入った観葉植物を描くときのポイントは、インテリアと植木鉢の消点をそろえることです。

また、インテリアの手前には大きな葉をつける樹種を置いてしっかりと描写し、奥には小さな葉の樹種を置いて省略して描くと、パースの遠近感が強調されてメリハリが出ます。

観葉植物のあるインテリアパース

樹形の描き方

真横から見た樹形

図形に置き換えた樹形

樹木や観葉植物の描き方も、人を描くときと同じです。形が近い図形に置き換えて形をとっていくと難しくありません。

① 幹を描きます。

② 上下に円を描きます。

③ 枝の付け根を決めます。

④ 円と付け根を結びます。

⑤ 小枝を伸ばします。

⑥ 下図線を消して、枝に表情をつけます。

⑦ 葉を描き込んで仕上げます。

4章 背景・添景を描く

5. アクソメに添景を描く

アクソメに添景を描くときは、はじめに描きたいものと形が近い図形を基準にすると、プロポーションがとりやすいでしょう。

① 人を描く

パースでは正方形のマスを使いましたが、アクソメでは直方体を使います。直方体のボックスの中で肉付けしていくと形がとれます。このとき、直方体を傾ける角度をインテリアとそろえます。

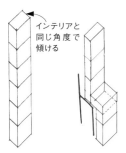

① 高さ30cm、幅30cm、奥行き15cmの直方体を図のように6個重ねます。まずは1/100縮尺で練習しましょう。

② 直方体を基準に、人間のラフな姿勢を描きます。

③ 髪形や衣類などを描き込んでいきます。

④ 顔の表情などは、描き込みすぎないほうがよいでしょう。

② **生活用品を描く**

インテリアパースでは生活用品や家具の表現は重要です。こうした小物類がインテリアの雰囲気ばかりでなく、空間の用途やライフスタイルを説明するための要素になるからです。

いくつかの生活用品や家具の描き方を示しておきます。棚などの家具は平面形を描き、高さを立ち上げ（立ち下げ）、側面の書棚や引き出しの様子を描きます。

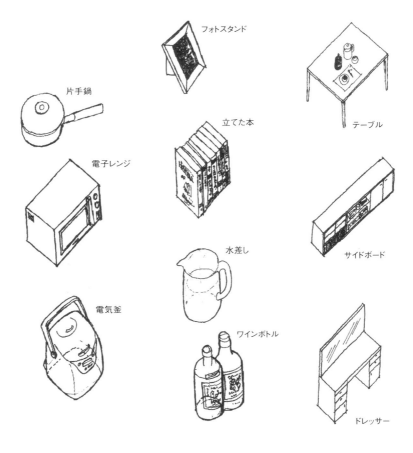

棚の上に置かれた小物の描き方

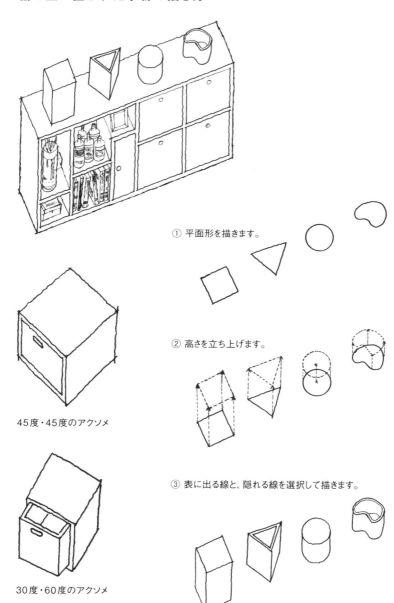

① 平面形を描きます。

② 高さを立ち上げます。

③ 表に出る線と、隠れる線を選択して描きます。

45度・45度のアクソメ

30度・60度のアクソメ

椅子の描き方

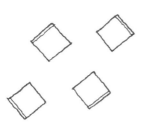
① 座面を描きます。

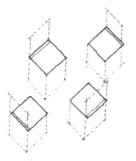
② 座面を立ち下げ、背を立ち上げます。

③ 表情をつけて完成させます。

机の描き方

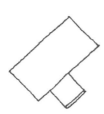
① 平面形を描きます。

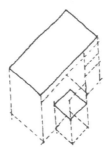
② 机の高さ、椅子の脚と背もたれの高さを立ち上げます。

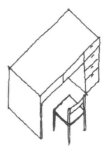
③ 表情をつけて完成させます。

筒状のテーブルスタンドの描き方

① 平面形を描きます。

② 全体の高さを立ち上げます。

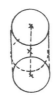
③ 笠の高さを決め、立ち下げます。

④ 細部を描いて完成させます。

4章 背景・添景を描く

③ 樹木・観葉植物を描く

樹木や観葉植物の描き方も、人や小物を描くときと同じです。形が近い図形に置き換えて、アクソメではどう見えるかを考えて描いていきます。

① 真横から見た樹形を描きます。

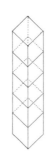
② 直方体を重ね、プロポーションをとります。

③ 直方体を基準に、細部を描き込みます。

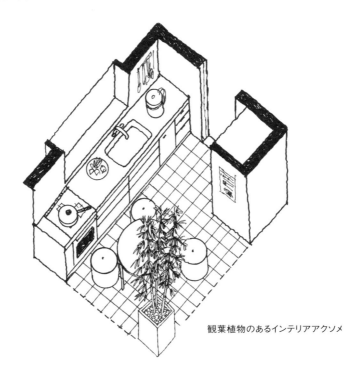
観葉植物のあるインテリアアクソメ

さまざまな観葉植物の図をストックする

アクソメでは家具のインテリアレイアウト（p.103参照）と同様に、観葉植物の図もストックしておくと、別のアクソメへ使い回すことが可能です。インテリアと縮尺が合っていること、傾きの角度がそろっていることがポイントです。

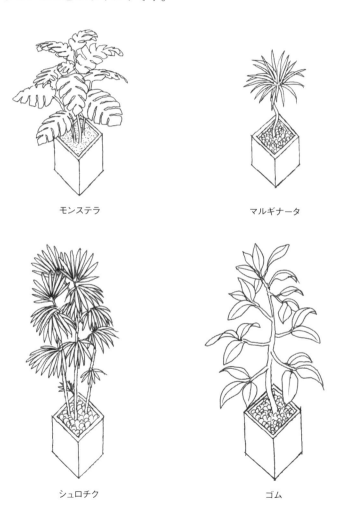

モンステラ

マルギナータ

シュロチク

ゴム

5章
パースに色をつける

インテリアパースに色をつけてみましょう。パースに着彩を施すことは、仕上げ材などの色合いや、インテリア全体の雰囲気を表現するために役立ちます。しかし、色をつけることは苦手という人は少なくありません。ここでは、もっともやさしい着彩の方法を説明します。

1. 手軽な色鉛筆の着彩

色鉛筆は誰もが子どものころから慣れ親しんでいる着彩用具です。線や細かい部分を着彩する場合はよいのですが、広い面積を均一に着彩するのが難しいという短所をもっています。ここでは2種類の塗り方を紹介します。

画材と用具

- 色鉛筆12～24色：色数が多いほど繊細な表現が可能です。
- 普通紙、画用紙、ケント紙：用紙は好きなものでOKです。
- マスキング道具：必要に応じて、色が重なってはいけない部分を手製のマスキングカード（p.131参照）やマスキングテープで覆い隠しながら着彩します。

色鉛筆

塗り方

フリーハンドで塗る（ストローク）
広い面を塗るときは芯を太めにし、鉛筆を寝かせ、何度も軽く重ね塗りをします。鉛筆の動き（ストローク）はできるだけ同じ方向に動かすほうがきれいに塗れます。

鉛筆を寝かせて
何度も軽く動かす

色を重ねて混色をつくる

定規を使って塗る（ハッチング）
定規で何本も線を引いて面にします。線の密度と筆圧で濃淡を表現します。

NGの例
鉛筆を動かす方向がランダムで、ムラになっている

① **薄い色の部分から塗る**

色鉛筆を寝かせて軽く振るように何度も塗ると（ストローク）、色ムラがなくなります。ここでは壁のほか、天井と床の下色も塗ります。

② **天井と床に濃い色を塗り重ねる**

ストロークを使って、色を混ぜ合わせていきます。

木目に沿って塗る

下り天井の部分を濃くしていく

③ 窓枠や外の風景を塗る

床は奥に行くほど濃くすると
遠近感が強調される

④ マスキングカードを用意する

古いハガキなどの厚紙をカットした、手製のマスキングカードを用意します。

⑤ マスキングカードを使ってガラスを塗る

マスキングカードで窓枠部分を隠しながらガラスを塗ると、塗りのエッジがシャープになり、ガラスらしさが表現できます。

マスキングカード

⑥ 椅子・小物類に着彩する

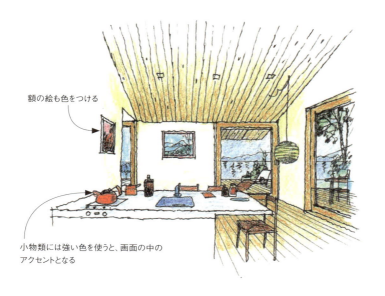

額の絵も色をつける

小物類には強い色を使うと、画面の中のアクセントとなる

2. やさしい色鉛筆とパステルの着彩

前述の色鉛筆にパステルを加えた2つの画材による着彩法です。パステルは粉の顔料を固形化したもので、デッサンなどに使われます。描いた線をぼかすこともできますし、消しゴムで消すことも可能です。ここではパステルをナイフで削り、粉末にしてコットンで塗る方法を紹介します。このやり方であれば、誰でも広い面を早く均一に塗ることができます。

画材と用具

チョーク型パステル

ペンシル型パステル

ここでは粉末にして使用するため、チョーク型とペンシル型のうち、チョーク型を使用します。また、オイルパステルとソフトパステルがありますが、ソフトパステルを使います。

色鉛筆

12〜24色程度。色数が多いほど、繊細な表現が可能です。

カッターナイフ(30度刃)

パステルを削るとき、マスキングのためにテープやカードを切るとき、原画のコピーを切り抜くときに使用します。カッターには45度刃と30度刃がありますが、鋭利な30度刃は、特に切り抜きなどの細かな作業に向いています。

ペンシル型消しゴム

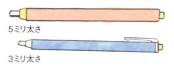

5ミリ太さ

3ミリ太さ

ノック式のペンシル型消しゴムがあると、細かいところを消せます。普通の消しゴムを使いやすい形に切って使ってもよいでしょう。

マスキングカード

字消し板

さまざまな形の穴があいたステンレス製の薄い板で、この板を消したい部分に当てて消します。

カット部分

コットン

薬局で売っている脱脂綿をカットしたもの。粉末にしたパステルをコットンになじませて着彩します。

不要になったハガキなどの厚紙を適当な形にカットして手製のマスキングカードとして使います。また、マスキングテープもあると便利です。

原画（パース）のコピー

試し塗り

着彩前の原画のコピーを用意する目的は2つあります。ひとつは色のエスキース（試し塗り）をするため。もうひとつは着彩時のマスキングに使うためです。マスキング用には、コピー機の機能を使って、別の色（たとえば赤）でコピーをとるとよいでしょう。

① パステルを削って粉末にする

② コットンにパステルの粉末をつけて塗る

薄い色で広い面積の部分を最初に塗ります。

③ 余分に塗った部分を消す

余分に塗った部分を消します。細かい箇所はペンシル型消しゴムを使うとよいでしょう。

④ 床を塗る

前に塗った部分と色が重ならないように、
マスキングカードを使ってカバーします。

⑤ はみ出した部分を消しながら、丁寧に着彩を進めていく

⑥ 色鉛筆で外の風景や家具などを塗る

⑦ 原画(パース)のコピーのガラス部分をカッターナイフで切り抜いて、マスキング用紙をつくる

⑧ 原画にマスキング用紙を重ねる

ガラス部分を切り抜いたマスキング用紙

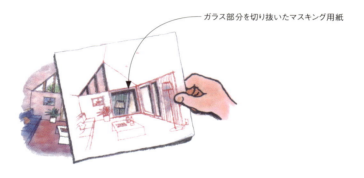

⑨ ガラス部分に着彩をする

着彩が済んだ外の風景の上から、ブルーのパステルの粉末をコットンで塗ります。

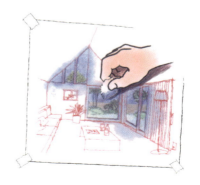

原画とマスキング用紙は着彩中にズレないように、テープでとめておくと作業がしやすくなります。

⑩ マスキング用紙を外す

⑪ 着彩完成

3. 少し難しいマーカーの着彩

着彩用のアルコールマーカーを使うと、透明のセロファンを重ねたような色の重ね塗りができます。色数が多く、すぐ乾くなどの特性をもっていますが、揮発性であるため、多少にじむ性質があること、そして溶剤が用紙の裏側まで浸透してしまうこともあるので注意が必要です。

画材と用具

● アルコールマーカー：色数と濃淡の種類が多い画材です。発色がよく、透明感、速乾性があります。ペン先の角度によってさまざまな塗り方ができます。
● ケント紙、イラストレーションボード：普通紙などの薄い紙や、画用紙などの吸水性のよい紙では、溶剤が浸透したり、色がにじんだりする可能性があります。必ず試し塗りをしてください。
● マスキング道具：色が混色しないよう、必要に応じて手製のマスキングカード（p.131参照）やマスキングテープを使用します。

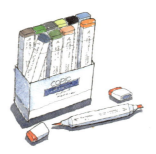

アルコールマーカーのセット

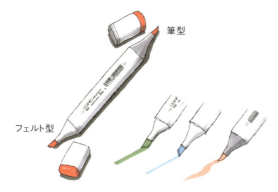

アルコールマーカーの混色

セロファンを重ねたような透明感のある混色ができます。

| 1度塗り | 2度塗り | 3度塗り |

濃淡の表現

重ね塗りによって濃淡の表現が可能です。

試し塗りをして、色調を確かめる

アルコールマーカーは色数や濃淡の種類が非常に多いため、どのマーカーで塗った色なのか、忘れてしまうことがよくあります。試し塗りの用紙に色番号を記しておくとよいでしょう。

① 壁と床を塗る

原則として、薄い色から塗っていきます。

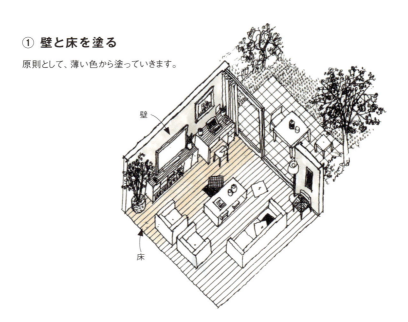

② 家具や庭木の下色を塗る

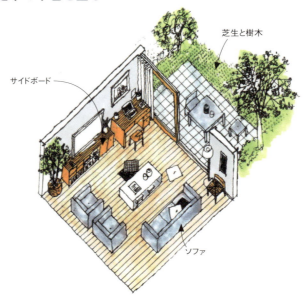

③ 濃い色を重ね塗りする

家具の側面を濃い色で2度塗りすると、立体感が出ます。

サイドボードの側面

ソファの側面

④ 小物類を塗る

クッションなどの小物は目立つ色で塗ると、インテリアのアクセントになります。

ガラスを薄いブルーで塗る

樹木にも濃い緑色を重ねる

おまけ
(このパースシートを使って練習しましょう。タテにしても、ヨコにしても使えます)

左のパースシートを使って描いたインテリアパース

あとがき

インテリアパースの図法の世界はいかがでしたか？読者のみなさんには、パースを一度も描いたことがない人、描いたことはあるけれど、実はなんとなく描いていた、という人も多かったことでしょう。スケッチパースを描くときは、あまり構えずともよいのです。しかし図法である以上、押さえておきたいポイントというのはあるものです。そこを外さなければ、あとは適当でも、意外としっかりした絵が描き上がるものです。そのポイントを、本書では順を追って紹介してきました。

前回の本と同じく、今回も彰国社の尾関恵さんが編集担当となりました。彼女はもともとパースが大の苦手。その彼女が理解できるパースの本を書くのは至難の業でした。しかし、彼女のアドバイスのおかげで、わかりやすい本ができました。今回は恐ろしいことに途中からもうひとり、絵の苦手な助っ人、田畑実希子さんが参入しました。「清書はどうするの？」「角度30度のグリッドはどうやって引くの？」の質問には目が点になりましたが、私が当たり前と思っていることが、わからない人がたくさんいる、ということに改めて気づかされました。

本はその分野の専門家が著者になることは必定なのですが、その分野を学ぼうとしている初心者の人たちにとっては、わからないことばかりです。そのために本を購入し、学ぶわけですから、こうした初心者の立場に立つ編集者の意見はとても大切です。この2人の女性により、かゆいところに手が届くような内容の本になったと思っています。さらに、全体の構成を端的なものへと整理し直してくれたフリックスタジオの高木伸哉さんにも感謝いたします。

2019年4月吉日　中山繁信